だいわ文庫

"運命の彼"にめぐり逢い、
ずーっと愛され続けるための秘密の法則

大好きな人の
「ど本命」になるLOVEルール

神崎メリ

大和書房

はじめに

貴女《あなた》の人生は貴女のもの。

もしも、恋愛をうまくいかせるためのルールがあるとしたら、貴女はどうしますか？

とりあえずやってみますか？

それとも、今のまんま、うまくいかない恋愛スタイルを貫《つらぬ》きますか？

貴女の人生は貴女のもの。やるもやらないも自由です。

でも、**いつの間にかすり込まれてしまった「私なんか幸せになれない」という気持ちに縛《しば》られちゃってはいませんか？**

「私なんかさ、別に美人じゃないしなぁ……」

「いや、私なんてもう若くないし……男ってさ、若い子好きじゃん？」

「私なんかさ、家庭環境複雑だったから男とか信じられないんだよね」

「ていうか私なんて、自分から好きになった人とうまくいった試しないんだけど」

「うん。ウチら負け組側だわ。どうせ挽回《ばんかい》なんてムリムリ！」

「幸せな人って前世で相当な徳つんだんじゃない？　どうせフツーは無理でしょ？」


私なんか。私なんて。どうせ。


こういうあきらめた気持ちって、本当に貴女自身が導き出した思いですか？

ネットで見かけた、恋愛がうまくいっていない人のネガティブな投稿に「わかる！　男なんてロクなヤツいないよね！」と感化されていたり、家族や友人からの「そういうのって一部の成功者だけだよ！　やめときな！　そのまんまがメリ子らしいって！」という言葉を鵜呑《うの》みにしたりしているうちに「ニセモノの私らしさ」に縛られてしまってはいませんか？（ちなみに〝ドリームキラー〟っていうのですって、この手の人たち）

いつからなんでしょう？

幸せって特別な女性しか手にできないものだって、思い込んでしまったのは。


そういう私自身、かなり根深く「私なんて病」におかされていました。

私は、かなり複雑な家庭環境の下に生まれました。

家族で食卓を囲んだこともありませんし、体育祭や授業参観に親が来てくれたこともありません。母は子供を食わせていくことに精一杯で、そこまで私のことに手が回らなかったのです。そのことをクラスメイトや担任の先生に「また貴女の親来なかったね」といじられて、どんどんネガティブをこじらせていきました（もうどうしようもないくらい卑屈《ひくつ》で陰気《いんき》な子に）。

家に帰れば疲れ切った母から、離婚した父の愚痴《ぐち》を聞かされていました。「貴女の父親はこんなヒドイ人で」「男なんて信用できないのよ」。こんな言葉たちが、私に男性に対するネガティブな思い込みを植え付けてしまいました。

*どうしても「幸せになりたい！」という魂の叫び

「複雑な家庭環境に生まれた私なんて、幸せになれっこない！」

成人してからも、その呪縛《じゅばく》は私をギチギチに締め付けました。

誰と付き合っても、何をしていても、つねに心のどこかで「私なんか幸せになれないし」「男なんて信用できない！」と一方的に相手を疑ってかかっていました。

浮気されてもいないのに被害妄想をこじらせて、彼の携帯をチェックし「この女の名前誰⁉　あやしくないなら、今電話かけて！」とわめき散らす始末……

（そして電話に出たのは親戚というオチ）。

私なんて幸せになれっこない。

わかっているのに、どうしても「幸せになりたい！」という魂の叫びが溢《あふ》れ出してしまう。あきらめきれない自分もいる。その葛藤《かっとう》で心がいつも不安定になっていました。

夜、布団に入ると堂々めぐりが始まります。

幸せになりたい。でも無理だよね。だって幸せになれる側の人間じゃないし。

じゃあ、私は一生一人？　なんのために生まれてきたの？

ただただこうして仕事して、一日終わってまた起きて仕事して……。大した成功もせず、人から認められることもなく、好きな人とは心通わせることなく、死ぬの？

寂しい……悲しい……。

たった一人でいい。寄り添って生きていける人がいれば……。

でも、幸せになれる星の下に生まれてなんかないいんだよね……。

せっかく結婚したのに、この気持ちが満たされることはなく、二人でいるのに孤独という最悪な精神状態は続いていました。何年も何年も孤独感と絶望感に溺《おぼ》れそうになりながら、呼吸するだけで精一杯の日々を送ってきました。

そして離婚したとき、何もかもがグダグダで、うまくいかない自分の人生に心底嫌気がさしたんです。

＊

「私なんか病」から抜け出すには

このままじゃ人生が崩壊する！　なんとかして絶対に幸せにならなきゃ！

自分が不幸な原因を突き止めなきゃ!!


何年も試行錯誤をくり返し、それでもあきらめず、粘《ねば》り強く、恋愛をうまくい

かせる方法を実践しているうちに、急に点と点が線で結ばれるように恋愛がうまくいく方法が見えてくるようになりました。

私をがんじがらめに縛り付けていた「私なんか病」から抜け出すことができたのです。

そして、やっとあたたかな幸せをつかむことができました。夫と子供、猫２匹の家庭という安住の地を。

「私なんて病」の原因ってなんだと思いますか？

じつは、**ただの思い込み**なんです。傷ついた過去に今の貴女が引っ張られているだけ！　まわりの意見に流されちゃっているだけ！　貴女が幸せになれない根拠なんて、じつはどこにもないんです！

では、貴女の恋愛がうまくいかない原因はなんだと思いますか？

男運がないから？　元カレのトラウマ？　前世でやらかした罰？　見た目？

年齢？

違います。**ただ単に恋愛をうまくいかせるためのルールを知らなかったからなんですよ！**

男性とうまくいくには、ふるまい方にコツがあります。自分の取るべきスタンスにもコツがあります。**男性に媚《こ》びずに、男心に寄り添って幸せになる力を私は「メス力《りょく》」と名付けました。**

この「メス力」をブログやSNSで発信していたところ、

「娘にメリさんのSNSを勧めたら、娘は片想いしていた人との結婚がトントン拍子に決まりました」

「結婚はまだまだするつもりがないって言ってた彼に、プロポーズされました！」

「10年もズルズル付き合ってた彼にやっと別れを告げました。じつは、そのすぐ後に素敵な人とめぐり逢って婚約しました」

との報告が殺到！

＊みんなが恋愛ど素人、失敗してトーゼン！

本書では「メス力」をよりわかりやすく「LOVEルール」としてご紹介していきます。


デートのときに男心をつかむルール、貴女は知りたくないですか？

片想いのあの人を恋に落とすルール、やってみたくはありませんか？

一度の人生です。

「好きな人と幸せになりたい！」

この心の叫び。おまじないなんかに頼るのではなく、貴女自身の手で「LOVEルール」を使って叶えませんか？

きっと今までは当てずっぽうに恋愛してきたでしょう？

そして、恋はうまくいかなかったでしょう？

無知なまんま、なんの予備知識もなく丸腰で恋愛するってことは、お魚の捌《さば》き方なんて何も知らないのに、いきなり鯛《たい》を渡されて「コレ、刺身にしておいて」と言われるようなもの。鯛がめちゃくちゃになってしまうように（もったいない。涙）、恋愛もめちゃくちゃになっちゃうのです。

恋愛ど素人ですもの！　そりゃ、失敗しますって。

でもこれからは、「ＬＯＶＥルール」があります！

ルールを理解すれば、これまで謎だった男心も読めるようになりますし（じつはシンプル）、やり続けることで「ヤバイ！　こういうとき何がベスト？」と必死に恋愛法をググっていたのが、**「あ、ＬＯＶＥルール的にはこうだな」と貴女自身の頭でルールを想像できるようになります！**

だから、今までの貴女が失敗続きでも、どんな過去を背負っていても、人に話せない苦しみを抱え込んでいても、「私なんて」と思い込まないでほしいのです。

失敗は糧《かて》。踏み台です！

だから、自分は幸せになる！　とシンプルに信じて「ＬＯＶＥルール」を実践してほしいです。

貴女の人生は貴女のもの。もっと自分の思いを大切にして、もっと自分を信じて、もっと貪欲《どんよく》に幸せに向かって突き進んでいきましょう！

INTRODUCTION

「メス力」を高める基本のLOVEルール

CHAPTER 3

片想いが成就するLOVEルール

CHAPTER 4

「おクズ様」をお見切りするLOVEルール

CHAPTER 5

「ど本命クラッシャー」にならないLOVEルール

CHAPTER 6

男心を理解して、いい男に育てるLOVEルール

CHAPTER 7

SNSのLOVEルール

CHAPTER 8

忘れられない彼と復縁するLOVEルール

INTRODUCTION

「メス力」を高める
基本の
LOVEルール

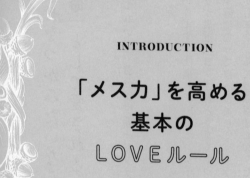

RULE 01

女の幸せをつかみたいなら「ど本命」として愛されること！

「恋愛がうまくいってないと、自分が世界一おブスになった気がしてツラッ(涙)」

その感覚よ〜くわかります。仕事していても、女子会していても、気がゆるむとすぐに「……ていうか最近、ヨシオ君とうまくいってないなぁ〜。はぁ、私の何がダメなの？」と憂鬱《ゆううつ》になって自信喪失してしまう……。

気がついたら、年がら年中「私だって幸せになりたい」と頭の中でグルグル考えちゃっている……。

たかが恋愛、されど恋愛。

恋愛が、私たちの人生のテンションを左右しているといっても過言じゃありません。

だからこそ、**女性が幸せに生きるには、恋愛の悩みと手を切ることが不可欠な**のです。

女性はどんなときに幸せを感じるの？

「幸せ、幸せ」と言われても、なんだか漠然《ばくぜん》としていて、何を目安にすればいいのかわからないですよね。

そう、私たちが幸せになるためには、まず自分の心がジワ〜ッと温まるような幸せのカタチを知らなきゃ絶対にダメなんです！

ここが自分でチンプンカンプンだと、方向もわからないのに航海するのと一緒！　難破《なんぱ》船になっちゃうのです（永遠に実らない愛の海をさまようのであ〜る）。

女性は、大きな幸せよりも日々の生活の中にちりばめられている細やかな喜び

に幸せを感じやすいと言われています。たとえば、年一で彼から超豪華な旅行や高価なプレゼントをされ、あとは素っ気なくされるよりも、いつも彼から大切にされていると感じることのほうが、幸福度が高いのです。

女性が幸せな瞬間と、落ちる瞬間をいくつか対比してみますので、女性が幸せになるために絶対必要な大前提を、まずはしっかりとイメージしてください！

女性が幸せな瞬間と落ちる瞬間

○ LINEの返信がマメな彼。忙しくて返せないときはフォローの連絡もしてくる。

× 基本、返信がマメじゃない彼。都合が悪いと平気で数日既読スルー。

○「本当にメリ子かわいいなぁ〜」と目尻を下げて褒めてくる。

×「オマエさ、本当に痩《や》せろよ（笑）」など、ブス・デブ・ババア系の文句を平気で言ってくる。

○デートで気前がいい。彼の無理のない範囲でご馳走《ちそう》してくれる。

×デート代を惜しむ。ご馳走してくれても、あとでそれをネチネチと責めてくる。

○病んだことを言っても辛抱強く聞いてくれる。

×病んだことを言ったら、「甘えんな！」とキレられたり、露骨《ろこつ》に面倒くさそうにされたりする。

○浮気を勘ぐったり、不安になったりすることがないくらい愛されている実感がある。

×愛されてないと感じて、つねに不安。束縛したり浮気を疑ったりしたくなる。

○Hに愛情を感じて、満たされる。

×Hをしたあと、道具として利用されたようなミジメな気持ちになる。

これらを超カンタンにまとめると、女性が恋愛で幸せを感じるには、つねに相手から優先順位の1位にしてもらえている感覚があって、寂しい思いをしたり、不安になったりすることがまったくない「私の彼って優しくて超マメなの♡」という状態になることです。

これを本書では、彼にとって貴女が「ど本命」と定義しています。

幸せをつかむために一番重要なLOVEルール

貴女が彼にとっての「ど本命」になること

男性に「ど本命」として愛されると貴女の幸せは叶う！

男性がベタ惚れしている「ど本命」になれば、恋愛の悩みは消えます！

彼にとって貴女は、絶対に失いたくない俺様のヒロインだからです。

男性は、自分が大切だと感じたもののためには全力を尽くす本能を持ったイキモノ。


本来、超面倒くさがりですが、「ど本命」には連絡だってきちんと返します（他の男とLINEしてませんように！）。

休みの日には、当然のごとくデートに誘ってきます（**その日を楽しみに仕事頑張るぞ**）。

他の女になんて興味がありません（それだけ貴女に夢中）。

結婚の話を早い段階でしてきて行動に移そうとします（男性は結婚相手を早い段階で決めているもの！）。

貴女が嫌がることは当然言いませんし、キレてきたり、理不尽な要求をしてきたりすることもありません。そんな対応をして貴女に捨てられるほうが、よほど恐怖だからです。

裏を返せばですよ、貴女の恋愛の悩みや苦しみは、彼に「ど本命」として惚れられていないところから生まれているのです。

男性は、「ど本命」以外の女性に対して、ほとんど無意識に「コイツは俺より格下。てか俺様が付き合ってやってる立場」と決めつけてイキった対応をしてくるものなのです！

ショックでしょう？　でもこれが男性の本能＆本音……。

女性が恋愛で幸せをつかむには、男性の「ど本命」にならなくてはイケマセン！

この不動のルールを、まずは受け入れてください。これを無視した恋愛をしても幸せにはなれないのでダメなのです！

男性に「ど本命」として愛される方法が、本書の「LOVEルール」です。

これをマスターできるかどうかで、貴女の人生は大きく変わってきます。

一つひとつマスターして、一歩一歩「ど本命」に近づいていきましょう！　女として幸せな人生をあきらめるのはまだ早い！　貴女の手で幸せをつかみ取ってくださいね！

RULE 02

何より大切なのは貴女が彼の「ど本命」かを見極めること！

「女性が恋愛で幸せをつかむには、男性の『ど本命』にならなくてはいけません！」とお伝えしました。

貴女を心から大切に思い、全身全霊で愛してくれる彼にとっての「ど本命」。

では、実際にどう見極めていけばいいのでしょうか？

ここでは、「ど本命」の基本をご説明します。

男性は、出会った女性を、瞬間的かつ本能的に「抱ける／抱けない」に振り分けています。

そして「抱けるゾーン」もカーストのようになっていて、「とりあえずの彼女／本命／ど本命」に分かれています。「とりあえずの彼女」はセフレとなんら変わりません。

基本的に、Hした時点で位置が固定化され、昇格することはありません（ガーン）。

そして、「ど本命」以外の彼女は、ぶっちゃけた話、Hができて、暇つぶしになればいいので大切にしません！

万が一、貴女を「ど本命」としない男性と結婚してしまったら、超最低な夫になるので注意してください。泣きながら貴女一人でワンオペすることになるでしょう……（そこまで惚れてない女と作った家庭になんて無関心なんです！）。

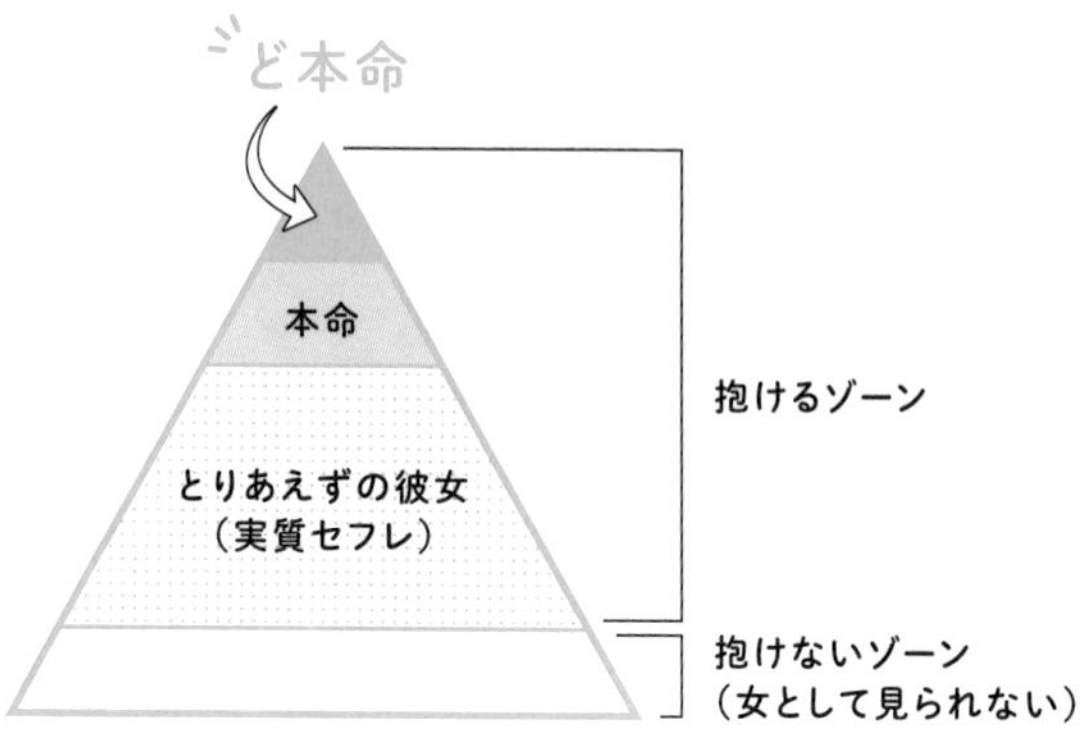

だから、結婚後「旦那選びしくじったわ～（涙）」と泣きはらす人生にしないためにも、自分が「ど本命」かどうかしっかりと見極めなくてはイケナイのです！

男は、惚れた女にだけはありえないくらい紳士ぶる

さて、肝心《かんじん》な「ど本命」の見極めに必要なルールをご説明します。

カンタンな見極めポイントは、**口説かれている段階で彼が紳士かどうか？**というところなんです。つまり、**その男性とうまくいくかどうかはHをする前の段階で決まっている**のです。

男性は、ガチで恋に落ちてしまったとき、突然、紳士ぶったり、ヒーローになりたがったりします（騎士道精神ともいいます）。

付き合う前に貴女が「ど本命」かどうか見極めるLOVEルール

【付き合う前の王道ヒーロー行動】

❶ 貴女が困っていたら、頼れるヒーローをアピりたくて全力で助けようとします！

❷ 強引にHに持ち込もうとはしません！　なかなか手を出してきませんん！

❸ 貴女を不安にさせるようなことは絶対にしません！

❹ どんなに忙しくても、貴女のために時間を使います！　顔だけでも一目見にきます！

【付き合う前からナメてる男の行動】

❶ 貴女が困っていたら、「大丈夫？」とＬＩＮＥだけしてきます！

❷ なんとかいち早くHに持ち込もうとしますし、スキンシップしまくります！

❸ 音信不通気味にしたり、ドタキャンしたりして貴女を不安にさせます！

❹ 「かわいいね」「タイプだよ」と軽い感じで言ってきます！（褒めれば抱けると思っている）

❺ 今まで付き合った女の自慢話をしてきます！（どうでもい〜）

付き合う前から「なんか薄っぺらくて誠実さがないな」とか、「ん？　なんか発言のはしばしから見下し感が……」なんて女の勘がビンビンに働いてしまうとき、**間違いなくその男性は貴女に惚れていません！　あわよくば貴女と合体したいと願う「おクズ様」なのだと目を覚ましましょう！**　ていうか、本当は貴女自身、気がついているはずですよ。

うすうす「**おクズ様かも？**」と気がつきながら、「**ううん、きっと勘ぐりすぎ！**」「**彼を紳士に変えてみせる！**」と恋愛に足を踏み込んでしまい、いつの間にか都合のいい女として扱われて数年経過……挙句《あげく》、最後は音信不通で終わり、心にトラウマを作ってしまう。こんな女性が多すぎます（涙）。

そんな女性は、不思議とおクズ様がクセになって、また同じタイプと付き合ってしまったりするもの。「おクズ様ループ」で大切な時間を浪費《ろうひ》しないためにも、**付き合う前からしっかりと相手の本気度を見極める「LOVEルール」を実践する必要があるのです。**

「とりあえずの彼女」から「ど本命」に昇格したいんですが！

ここまで読んで、「なんとかして彼の『ど本命』に昇格できないの？」と思った方もいらっしゃると思います。

こんな言葉を聞いたことはありませんか？

「男はHするまでが気持ちのピーク。女はHしたあとが気持ちのピーク」

シビアですが、これが現実なんです。

先ほど書いたように、男性の本気度は、Hする前の段階で決まってしまうもの。

彼が貴女にどハマりしていない状態で、Hしてしまうと、そこでもう満足してしまうのです。

ただし、「ど本命」だけは扱いが別格。**男性からしたら「俺様をヒーローにしてくれる、やっとめぐり逢えたヒロイン」なわけですから、Hしたあとでも大切にしようと心に決めちゃうわけです。**

今、ツラくミジメな恋愛をしている貴女に言いたいです。

「LOVEルール」を身につけてしまえば、相手を見極める目も養われて、かつ相手との関係を育む力が身につきます。モノクロから突然カラーの世界に進化するかのように、女性としての人生が一変します！

貴女を大切にしないその「おクズ様」のことも、キレイさっぱり忘れちゃいますよ!

大丈夫、今からでも幸せに間に合いますからね。

RULE

03

みんながヒロイン（脇役でくすぶってる場合じゃない!!）

天然美人を見て、恋愛がうまくいっている子を見て、愛されキャラの子を見て、玉の輿《こし》にのった子を見て、子供にポンポン恵まれている子を見て、まわりからサポートされている子を見て、

「羨《うらや》ましい！　私ばっかり貧乏クジ引いてる!!」

「いつ……いつになったら私も幸せになれるの!?　いつまでこんな生活するの!?」

「私って、この地球に脇役として生まれたのかな……」

夜、自分のミジメさに打ちのめされて、布団の中で意味もなく涙が止まらなくなる……。

いいですか？　**貴女は脇役なんかではありません!!**

貴女は、貴女の人生の「ヒロイン」です！

脇役根性が染みついて「私なんて」と遠慮して生きていませんか？　それでは、恋愛で幸せはつかめないので絶対にダメなんです！

脇役女から脱出するために

なぜ、脇役根性が染みついてしまったのかというと、**ズバリ自分に自信がないからです。**「**まわりのキラキラしてる子たちに比べたら自分にはなんにもない**」って勝手にヒロインの座から降りてしまっているのです。

そんな貴女が自信をつけるには、何か一つにコツコツと打ち込んで、結果を積み上げるのが一番！　脇役女からヒロインに生まれ変わるために必要なルールを紹介していきます！

人生をステキなものに変えるために実践してくださいい！（どんどん来い！　スポットライト！）

脇役根性から脱出するLOVEルール

❶ 自分が好きなことは、セミプロレベルまで突きつめよう!

❷ やってみたいことに、年齢や環境なんかは言い訳にせず、チャレンジしよう!

❸ ヒロインにふさわしい自分史上最高のキレイを追求しよう!

これが自信をつけるための「LOVEルール」。いつまでたっても「私なんか」と言って生きていたら幸せが逃げていくだけ! 最初は無理矢理でもいいから、「デキんじゃん私!」って部分を作り上げていかなきゃダメなのです!

事実、私自身も数々の恋愛のしくじり（笑）や生い立ちのコンプレックスがあり、勉強もスポーツも本当に苦手でしたが、何もないところからコツコツと「メスカ」を高めて自信をつけてきました。悔しさやミジメさを「何くそ！」とバネにしてやってきました。

人が羨ましく見えるとき、ヒガミの感情が湧いてきてしまうもの。その負の感情を逆に、自分磨きのエネルギーとして利用してきたんです。人の足を引っ張ることなんかにエネルギーを費やしてる場合じゃない！

私の思うヒロインは、卑怯《ひきょう》な女ではありません。そんなくだらない行動をしているうちに、気がついたらお迎えが来て、棺桶《かんおけ》の中（笑）。仏様になってから「しまった！　しょうもないことに時間使ってしもうた！」と後悔したところで遅いんですから（無念）。

自分がヒロインだと自覚すれば、とるべき行動もイメージしやすくなります。卑怯なことをしたり、みにくい嫉妬《しっと》感情にのまれたりすることもなくなるのです。

その彼は、ヒロインにふさわしいヒーローですか？

さてさてヒロイン様。貴女自身のたった一度の人生、いつ幕を閉じるかわからない貴重な人生で、**お相手役のヒーローはまさかその「おクズ様」ですか？**

まったく貴女にふさわしくないですね‼　貴女はもっと幸せでいい！　貴女はもっと愛されていい！　貴女にはミジメな涙は似合わない！　**だって、ヒロイン張ってるんだから‼**

自分の価値を低く見積もらないで！「私の人生こんなモノ」って自分から舞台のそでに隠れなさんな！　表舞台に胸を張って出ていいんだよ！

だからさ、**貴女の人生劇場からその「おクズ様」を締め出しなさいな。**

ヒロイン感をあおる「私の主題歌」を見つけよう

ここからは、ヒロインになり切るためのマル秘ルール。

貴女の主題歌を見つけちゃおう！

私には特定の好きなアーティストはいませんが、マイケル・ジャクソンやQUEEN、ミスターチルドレン、矢沢永吉さんなど、ステージ上でエネルギーを爆発させるプロフェッショナルなアーティストの動画を見て、エネルギーをチャージしています。

貴女の心にガツンと響いて「おっしゃ！　今日もヒロインやるぞ！」と奮い立つような一曲を味方につけ、毎日の人生舞台で華麗にヒロインするべし!!

RULE

04

幸せになりたいなら「メス力」で男好きをトコトン極めろ

突然ですが、貴女。男心を理解していますか？
彼らが喜ぶことが何か、しっかり知っていますか？

ワンコはお腹をナデナデすると喜びます。
ニャンコはのどの下をコロコロすると喜びます。
そうして貴女は、その動物が喜ぶ方法でかわいがってきたはずです。
ところが恋愛のこととなると、こんな現象が起こるのです。

貴女の彼・ヨシオ君は、「ボクのことを褒めてくれ〜〜！」「スゴイって認めて！」「うえ〜ん、ボクがしたことにケチつけないでよ〜」と、3歳児よろしく床に寝転がり、足をジタバタさせて、貴女に尊敬されるのを待っています（男心をナデナデして〜）。

一方、貴女ははるか遠くを見つめ、涙をひとすじツーッと流し、「彼が昔ほど優しくありません。『おクズ様』でしょうか？　お見切り案件でしょうか？」と、寝転がる彼の姿をフルシカト。

よくある男と女のすれ違い、「私が愛されること」ばかりに意識が集中して、相手を幸せにすることを忘れてはいませんか？

「メス力」とは貴女が「ど本命」になる力。

そして、同時に彼を幸せにする力でもあります。

今すぐ彼の隣にサッとしゃがんで、「スゴイね。本当に助かるよ」と、尊敬という名の愛を注いであげましょう。彼はきっと喜びますよ（貴女のパンチラをチラ見しながら……）。

そう、私たちはもっともっと男好きを極めなくてはダメなんです！

大好きな男を幸せにするマニアになるくらいの気持ちで「メス力」を高めてください！

男性不信の方や、恋愛に対して斜《はす》に構えてしまう方でも実践しやすい、男好きになるための大切なルールをお伝えします！

男好きの視点に変えるLOVEルール

❶ 彼が意地を張ったり偉そうにしたりしている姿は「褒められ待ちなのね、かわいい♡」

❷ うんちくを語る姿は「俺役立ってるだろっていうアピールね♡」

❸ 「〇〇やっといたぞ」の報告には「感謝してほしいのね♡」

❹ 仕事の自慢話には「私のために頑張ってるんだからなっていうアピ

ールね♡」

❺彼の好きな場所に連れて行かれるのは「俺様の秘密基地を見せたいのね♡」

❻ゲームや趣味のアイテムコレクション自慢は「宝物を見せてくれてるのね♡」

男心がわからない女性って、これらの行動にイライラしちゃうでしょう？これらの行動が、じつは男性の愛情表現だと気がついていないでしょう？

彼は、いつでも貴女のために動いていて、それに反応してほしいだけなの。貴女が気がつかないから、ふてくされたりしちゃうだけなの。

「は？　褒められ待ちとか。これくらいのこと、彼氏なんだからしてくれて当然じゃない？」と思った瞬間ゲームオーバー。感謝の心がない、あつかましい女は愛されません。

視点を変えて、男性がいかに健気なイキモノなのか理解して、男心に寄り添ってあげましょうね♡

悩むより、「メス力」実践。納得するまでやってみましょうよ！

たとえ、どんな結果になろうとも、やり切ったと言い切れることは貴女の自信につながります。必ず幸せへの道しるべになってくれます。自分の人生、あきらめるのはまだ早い。背筋をシャンと伸ばして「メス力」を高めましょう。

CHAPTER

1

「ど本命」扱いしてくれる彼と巡り合うLOVEルール

RULE

05

「ど本命」になるには、理想の王子様像を捨てること！

恋愛にご無沙汰《ぶさた》していると、育つんだわ。理想の王子様像が（笑）。

皆様も妄想の世界でスクスクと理想の王子様を育ててしまっていないでしょうか？

理想を高く掲げすぎたり、あれもこれもと欲張ってしまったりすると、せっかくの良縁も、「でも、年収があと200万は欲しいな……」「優しいけど、口ベタなんだよね～」「長男か……」とケチばかりつけてしまい、結果的に縁を逃すことになりかねませんよ！

真の王子様を見つけるには、まずその理想という名の妄想を捨てなきゃダメ！

貴女に本当にふさわしい男性かを見極める目を曇らせないためのルールを解説していくので、頭に叩き込んでください!!

真の王子様を見極めるLOVEルール

❶ 理想通りの条件の男性でも違和感があるなら、その人は運命の人ではありません。
❷ 真の王子様は、理想通りの条件じゃなくても貴女を幸せにしてくれます。
❸ 他人への見栄で男性を選んでいると「おクズ様」しかつかめません！

この3つのルールについて、もっと詳しくお伝えしていきます。

解説その❶ 理想の王子様がまさかの「スーパーおクズ様」になる!!

ある日メリ子は、理想の王子様とめぐり逢いました。

私の人生にイケメン・高収入・次男、専業主婦をさせてくれて、すべての理想を叶えてくれる理想の王子様が降臨した〜♡　ただ一つ、私のことを「ど本命」と言えるほど惚れてはくれてないみたい……。たまにビックリするくらい素っ気なかったりするし、私が体調不良になっても心底心配してくれてる感じじゃないんだよね……。でも、結婚して生活をともにしていけば、私のことを愛してくれるはず!!　私も主婦業マスターして良妻目指そっと♡

こうして彼に対する違和感に気がつかないフリをして入籍。憧れの港区専業主婦に。

一方、理想の王子様はメリ子に対してこう感じていました。

俺はコイツとの結婚、ぶっちゃけ妥協《だきょう》……ま、家事さえしっかりしてくれればいいか。

「ど本命」として愛してるどころか、はじめから家政婦目的の妥協婚。

だから、メリ子が「結婚記念日どうする～！」とラブラブモードですり寄っても、「その日仕事。ゴメン」とピシャリ。

そのあと、めでたく妊娠したメリ子。つわりに苦しんで家事ができないでいると、「あのさ、俺の同僚も妊婦だけど働いてるよ？　甘えすぎじゃないの？」と溜まった洗い物を前にしてため息。

子供の夜泣きには子守りを代わってくれるどころか、「うるさいな！　俺は明日仕事なんだぞ!!」と怒鳴りつける。睡眠不足でフラフラのメリ子を見て、「母親になると女じゃなくなるよなぁ」と鼻で笑う。

最近、休日出勤が多い夫、もしかして……？

理想の王子様は妻に対してなんの労《いたわ》りの気持ちもない「スーパーおクズ様」に変身してしまったのです。こうなれば、イケメンだろうと、高収入だろうと、そんなことどうだってよくなり、「こんなはずじゃなかった」と毎晩泣きはらすだけになるのです。

解説その❷ 貴女を幸せにしてくれる真の王子様

「ど本命」と結婚したとき、男性は勝手に「俺はこの人を幸せにするんだ」と心に決めます。

だから、モラハラよろしく細かいことをチクチク言ってくるなんてことありえません。育児や家事で貴女が困っている姿を、見て見ぬフリなんてありえません。どうにかして楽させようと彼なりに一生懸命努力します！

貴女が病気をすれば献身的に支えてくれます。妻に対して甘っ甘の超寛大で、「私ってこんなに甘やかされていいのかなぁ〜」と女性が不安になるくらいです。

「俺が守ってあげるからね」。彼は、そんなあたたかい気持ちで貴女の隣にいるのです。これが貴女を幸せにしてくれる真の王子様なのです。

スペックに目がくらんでしまい、自分が彼の「ど本命」かどうかの判断が不十分だと、真の王子様にはめぐり逢えません!!

解説その❸　理想を絞るコツは、他人への見栄を捨てること

他人に自慢できそうな男性像を、理想だと思い込んでいませんか?

「この歳まで独身だったんだから、いい結婚をして一発逆転したい」という気持ちは1ミリもないと言い切れますか?

理想を整理するには、「彼氏ができても、誰にも言わないし、紹介しない」と想像してみること! こうして無意識に見栄を張ってる部分を捨てていかなくては、真の王子様にはめぐり逢えません!!

その上で、譲れない理想第1位には「ど本命婚」を掲げて、「喫煙する人はヤ

ダな」「動物好きな人がいい」「仕事に責任感がある人！」と理想を改めて整理していくのです！

ちなみに、仕事ができる女性ほど「尊敬できる人（私より収入が多くて仕事できる人）」に固執《こしつ》しがちですが、貴女を大切にする男性なら、その愛情と誠意に溢れる姿勢を何よりも尊敬しましょう。仕事だけできる「おクズ様」より、よほど人徳がありますから（笑）。

彼にとって貴女が心から大切にしたい「ど本命」なら、「もともとの理想とは違うけど、幸せだから結果オーライ！　めぐり逢えて私ってラッキー♡」と思えますよ。

ちなみに、男性から「どんな人が好みですか？」と聞かれたときの裏技もお伝えしましょう。

男性から「どんな人が好みですか?」と聞かれたときの返し方

【アリな男性には】

高身長の人には「大きい人いいですよね」、仕事や趣味を頑張ってる人には「仕事(趣味)に熱い男性」、太めな男性には「包容力がありそうな人」など、「もしかして俺のことタイプじゃね?」と思わせる言葉がベスト! 貴女にアプローチする勇気を男性に与えられます。

【ナシな男性には】

高身長な人には「(小柄な)タレントの○○さん」、仕事や趣味を頑張ってる人には「仕事(趣味)より家庭を優先してくれる人」、太めの人、細めの人なら、それぞれその真逆のイメージのタレントさんの名前を挙げてみましょう。貴女にアプローチする気力が失せることでしょう(笑)。

RULE 06

縁をつかみ取るには、こだわりの強い女を卒業すること！

縁をつかみ取れる女性と、縁を逃してしまう女性の違い。

貴女はわかりますか？

「いい人がいないっていうか、なかなか恋ができないんですよ」

「人を好きになるってなんでしたっけ……？」

「惚れられても、私がキュンとしないんですけど、妥協しなきゃダメですか？」

美容に人一倍気を使っていて、精神的にも経済的にも自立していて「メス力」が高いのに、長く彼氏不在の女性たちと話していると、妙に頭デッカチになっていて、**恋愛に関係ないことを相手選びの条件に組み込んでいるケースがめちゃくちゃ多いです！**

「仕事ができる男がいい」「お互いに高め合える人がいい」「ある程度ファッションとかカルチャーにも精通してないと……」「レストランでソファー側にサッと座らせてくれるエスコート上手な人じゃないと」「女性の扱いに慣れてる人がいい」「女性がお手洗いに立ったときにお会計をすましてくれるスマートさが欲しい」

もしもし？　なんですかこの意味不明な条件？

自分の美意識の高さと仕事っぷりから、男性に対しても仕事っぷりや意識の高さ、スマートさにこだわるケースが多すぎます!!　これらのことにこだわって結婚して、本気で幸せになれると思っているのでしょうか？

いいですか？　ここで大切なルールです！

恋愛に関係ないことを条件に求めてしまうと、男性の本質＝「ど本命度」を見極めることができなくなるので絶対ダメ！

きっと男性と出会っても、つねに「この人の条件どんな？　へぇ〜」と打算的なことばかりが頭にチラついて、色眼鏡で相手を見てしまうでしょう？

その結果、どうなるかわかりますか？

頭の中で打算そろばんをパチパチ弾いているうちは、心はカラカラなので貴女は相手にキュンとすることができなくなるのです！　これが人を好きになれない大人女子の正体です！

だからまず、その条件ジャッジ用の色眼鏡を外し、そろばんを捨てて64ページでご紹介する「頭デッカチな女を卒業するＬＯＶＥルール」を実践してください！（色眼鏡かけてそろばん弾いてるのが今の貴女！　メス力低いぞ！）

だいたい現段階で打算婚していない時点で、本当の貴女は乙女なんですから。

このタイプの貴女が満たされるには、愛、そう「ど本命婚」しかありません!!

頭デッカチになって、怖がりになって、見栄っぱりでもあって……。欲張りすぎて疲れてきたでしょう。「ＬＯＶＥルール」を実践し、もう一度恋に落ちる乙女になっちゃいましょう！

頭の中のこんな〝理想の男性〟に惑わされるな！

貴女の頭の中の理想の男性たちは、「ど本命婚」でなければ、将来、こんな夫になるかもしれません！

❶ 仕事ができる男

仕事ができる男性なら尊敬の気持ちが続いて、結婚生活がうまくいきそうだと思うのでしょうか？

私の元には「タワマンで毎日一人ぼっち。夫の帰宅は深夜で、会話もHもなく寂しくておかしくなりそうです」「仕事命より家庭的な人と結婚した友人が心底羨ましい。子供の成長を一緒に楽しんでくれる人がよかった。熟年離婚に向けて動いています」との声が届いています。

彼にとって貴女が「ど本命」でなければ、仕事中毒で家庭を一切かえりみない夫となるでしょう。

その結果、尊敬の気持ちはあっという間に冷めてしまい、「私を幸せにしないにっくき夫」との生活が続くだけなのです……（誰の金で生活してると思ってんだ？　がキメ台詞）。

❷ 意識の高い男

オシャレでカルチャーにも精通していて、生活に対してもこだわりがある男性との生活は楽しそうですか？

私の元には「夫が私の出身地（田舎）をバカにする」「家のもの一つ『君のセンスはダサいから（笑）』と選ばせてもらえない」「モデルレベルで痩せることを求められてツラい」といった意識高い夫に見下されて苦しいとの相談が寄せられています。

貴女が彼にとっての「ど本命」でなければ、彼のこだわりを一方的に押し付ける意識高いモラハラ男に育つ可能性があります。

縁をつかみ取る女性たちは、これらのことにこだわらず、男性の人間性やうわべではない優しさを心の目で見ることができるので、相手のいいところに気がつきやすく、恋にも落ちやすいです。

恋に落ちると「条件的には全然満足じゃなかったんだけど、こんなに思いやりある人、逃したら後悔するなって思って」とこだわりや条件に寛容《かんよう》になれます。

恋愛って頭でするものではなく、あくまでも心が揺さぶられたときに引き起こされるもの……。

だから、今の自分が、頭デッカチでこだわりが強くなっている状態なんだって、まずは気がつかなきゃ。歳も重ねて、いろんな知識を身につけている女性だからこそ、ピュアな気持ちで相手の心に向き合わなきゃ、縁をつかみ取ることはできません！

頭デッカチな女を卒業するLOVEルール

【男性と二人きりで話をするとき】

❶ 経歴や社会的地位のことばかり気にかけないこと！

❷ オシャレ度をジャッジしないこと！（付き合ってから変身させましょう）

❸ 前のめりになって「私プレゼン」をしないこと！

❹ 相手がどんな人間なのか？　ピュアな好奇心を持って耳を傾けることです！（だから聞き上手になりなさい！）

結婚後、社会的に成功していて仕事のできる夫よりも、妻を大切にしてくれる夫のほうが欲しくて欲しくてたまらなくなりますからね！（断言）

今のうちに貴女の中のピュアな部分、乙女な部分を再インストールして、「頭デッカチな女を卒業するLOVEルール」を実行してください！　男心とその本音を見ましょう！

仕事うんちゃらなんて「ど本命」になることのオマケくらいでいいんだから！

相性についての「裏LOVEルール」

社会的なことや趣味にこだわるよりも、カラダの相性が結婚後重要になってきます。

Hに不満があると、溝ができたときに修復することが難しくなっていきます。

逆に、カラダの相性がよければ、多少スレ違いがあったとしても（夜の）一戦を交えると、「ごめんな」「ううん私も♡」とメデタシメデタシとなりやすいのですよね。

カラダのフィット感は、言葉や理屈をスルッと超えていく部分があるのです

（男と女のカタルシス〜）。

ちなみに既婚後のカラダの相性とは、「性欲の強さの相性」です。

淡白《たんぱく》な人は淡白な人と、強い人は強い人と結ばれるほうが、どちらか一方がガマンすることにならず、不満につながりません。Hがなくても円満で不満なしの夫婦もいますからね。

恋とは、心が揺さぶられたとき、そして肉体的な相性がよかったときにより深まります。

恋ができない大人女子の貴女！

デートでそっと手をつないでみましょう（裏LOVEルール）。

「あれ？　意外とありかも？」「この人の手……あたたかい」などと、ささやかに自分の本能に火を灯してみてくださいね♡

それでも生理的にダメならごめんなさいする。そして、また焦らずに次を探しましょうね。

私もそうやってビビりながらも、歩み寄ったりしつつ男性を見極めてきたので……(この人なかったわ〜ってデートの帰り道、疲れがドッと出るんだよね……)。

それから、重ねて言いますが、女性は肉体的接触に心が動かされやすいもの。

「おクズ様」臭がある男性と手をつないだりしないようにお願いしますよ!!

RULE

07

出会いは疲れるもの！割り切ってどんどん動くべし！

神崎メリ子（29）、気がつけばまわりの友人たちは婚約したり、結婚式を挙げたり、出産したりで、幸せ報告に出費だけがかさむ日々（大きな声で言えないけど、お祝いビンボーでため息）。

「そろそろ私も本腰入れて結婚相手探すか！」と一念発起して出会いの場に出かけたものの、出会う男、出会う男、「29歳（笑）。ギリギリですね〜」なんて失言カマしてくる男だとか（しかも私より10も歳上なくせに！）、目ん玉ギラギラさせた露骨にカラダ目的の男だとか、「おクズ様」ばっかりじゃないかぁぁぁ!!

疲れるッ！　出会いってほんとーーに疲れるッ!!

どこにいんねん！　私の運命の「ど本命」は！　出てこんかいッ!!

そんなふうに出会いに疲れ切っている貴女へお伝えしましょう。
出会いというものはそもそも疲れるものなのです。

出会いが心をすり減らして疲れちゃうワケ

皆様、大切なことを思い出してください。**出会いの場に限らず、貴女に本気でない男性と恋愛絡みで接しているとき、めちゃくちゃ疲れていたことを。**

恋愛絡みで疲れるとき

1. 女性に対して敬意のカケラもない男性。会話の端々から女性軽視(ブス・デブ・ババア)がにじみ出ている。
2. 謎の「俺様が選ぶ立場なんだぞ」感を放つ男性。男というだけで偉そうにする（申し訳ないけど、その自信はどこからくるのか不思議で仕方がない）。

❸「かわいいね」「結婚したいなぁ」と甘い言葉をペラペラ言いながら下心が隠し切れない男性（だいたいエロさがにじんだＬＩＮＥをしてくる。鳥肌ッ）。

❹いい感じだと思っていたのに、突如音信不通になる男性。

❺Ｈしたあと、急に「仕事が忙しい」を連呼し自然消滅を図る男性。

❻「君の年収は？　料理はうまいの？」「いずれ親と同居してもらいます」と女性側にあらゆる面倒を押し付けて当然と思っている男性（隠す気すらない）。

出会いの場に限らず、私たちはこういう男性に接して疲れてきたではありませんか！

だいたいですよ、寄ってくる男性は100%カラダ目的なのです。

「ど本命」扱いしてくれる彼だって貴女を抱きたいと思うもの。

そして、「ど本命」扱いしてくれる彼だけが貴女の心も抱きしめたいと思うものなのです。

すなわち、「ど本命」扱いしてくれる彼にめぐり逢うまでは値踏み感に心がやられてしまうもの。だから、出会いは疲れるものと割り切るよりほかないのです。

恋愛のバッターボックスに立ち続けるべし！

貴女の人生でホームラン（「ど本命」扱いしてくれる彼）を打つためには、空振りしても三振しても、デッドボール（おクズ様）食らっても、バッターボックスに立たなきゃダメ！

そして、ただやみくもにマグレを期待してバットを振っていてはイケマセン。

いつまでたっても三振ばかりで「ど本命」扱いしてくれる彼にめぐり逢えないか

らです。

失敗を振り返りつつ、ホームランに近づくために、一人反省会のLOVEルールを紹介します。自分とじっくり向き合って実行してみましょう。

一人反省会のLOVEルール

❶ 今の自分にはどんな「メス力」が足りてない？

☑男心は理解してる？

☑感情に振り回されがちじゃない？

❷ 自分の見た目は男心に刺さる雰囲気？

☑出会いに第一印象は大切だけど身なりは整ってる？

☑地味すぎたり派手すぎたりしてない？

❸ 焦って男性に媚びてしまってない？

☑自信を持ち、かつ謙虚にふるまえてる？
☑「おクズ様」にまで許容範囲を広げちゃってない？

出会いを貴女のメス力修行の場にしちゃいましょ！

疲れたり、ときに傷つけられたりしても、真正面から受け止めず、「スゴイ逸材の男がいたな（笑）」と笑いに変えちゃって楽しむことです。

そして、1～3ヶ月ほど恋愛おやすみ期間を設けたり、「今年1年は出会いを頑張ってみる！」と積極的に人と会う機会を増やすなど、貴女に合うやり方で頑張ってみましょう。

最後に、婚活で成功した友人の名言をお贈りします。

「婚活は砂金《さきん》取りなんだよ。合わない男をコツコツ地道にふるいにかけて、ふるいにかけて、……残った一粒の砂金があれば成功なの！」

一粒以外は「おクズ砂」と思えば、疲れるのもただただ納得なのです（笑）。

RULE

08

「メス力」スナイパーは群れずに一人で狩りをする

皆様、出会いの場に女同士で群れて参戦していませんでしょうか？

それでは、いい出会いをみすみす逃してしまうかもしれないのでやめてください！

ステキな男性としっかり出会う方法をお伝えしていきます。

女友達と出会いの場へ参戦禁止のLOVEルール

❶ 女同士のわちゃわちゃに男はトキメかないから

❷ ファン乗りは男の恋心が着火しない

❸友達の恋路をじゃまする友達があらわれるから
❹狙った獲物の前で「メス力」を発揮するために禁止

女同士の輪に男は萎《な》えている

貴女にもこんな経験はありませんか?
男女交えて複数人で会話していたところ、つい女性同士で会話が弾んで、「だよね!」「わかる」「そうあの人ってさ……(噂話)」と女性特有の共感トークになってしまったこと。

そのときの男性の顔を見てください。蚊帳《かや》の外に放り出されて表情が爆死しています(合掌)。女性ほど共感力のない男性からしたら、超どうでもいいんですよ、共感トークって。

「女同士の輪に入れね〜〜」と気持ちが萎えちゃって、とてもじゃないですけど恋愛モードになんてなりません！　「この子たち面倒くさそ〜」「付き合ったら、俺とのこともいちいちホウレンソウしそう！　怖ッ」と**恋心のシャッターを下ろしちゃうことでしょう。**

さらにですね、「ほらほら、メリ子！　ヨシオ君と話すチャンスじゃん♡」「ヤダ〜〜キャ〜もう照れるし♡」みたいな追っかけノリで男性のまわりをウロウロするのも禁止です。

まわりから固めようと群れている女性は、男性からしたら追いかけ甲斐《がい》ゼロなのです。むしろ、「うるせ〜〜〜」と思われてしまうのが関《せき》の山……。

貴女への恋心スイッチをオフにさせないために、わちゃわちゃ女同士で群れることは禁止します！

女同士のハンティングはリスクのほうが大きい

出会いの場でステキな男性に出会ったとき、女性なら当たり前にいつもの自分より女性らしいふるまいになりますよね。言葉遣いも「マジで？」から「ホントに？」になってみたり。だって、少しでもかわいく見られたいものじゃないですか。魅力的に思われたいじゃないですか？

そういう**「女の見せ場」に茶々入れて台無しにしようと目論《もくろ》む女友達がいるわけです**（しかも意外な子だったりするの！）。

「どうした？　メリ子いつもとキャラ違うね～（笑）」「え～～いつもそんなんじゃないよね？　下ネタとか言うじゃん（笑）」とか、女友達にしか見せない素を暴露《ばくろ》して恥をかかせようとしてきたり、シレッと「そういえばメリ子、こないだデートした広告マンどした～？」とか他の男性ネタぶっ込んできたり……（殺意）。

または、貴女がいい感じになった男性との関係を、「うーん、あの人なんか絶対クセあるよ」「やめといたほうがいい気がするなぁ～」「てかキモくなかった？（笑）」と必死で止めてきたり。

じつは、その子もその男性を密かに気に入っていて、嫉妬していたり、はたまた自分より先に幸せになってほしくなかったり……。

自分の魅力がジャッジされているような感覚になる出会いの場では、友達のほうがモテたりしちゃってるのを見ると、複雑な感情になるものなのです。

しょうがない、にんげんだもの。一人の人間の心の中に光と闇が交錯《こうさく》しちゃうときだってあるのよね～。

そういった意味でも女友達と狩りの場で群れるのは禁止なんです！

女友達との関係を大切にしたいからこそ、別々に行動したほうがいい場面もあるということを知っておいてくださいね。

貴女が、狙った男性の前でガッツリ「メス力」を発揮して、男心をわしづかみにするには、**女同士で群れてハンティングに出かけている場合じゃないぞ～～！**

リスクのほうが大きいぞ〜〜〜！　ということなんですよ。

狙った男性を落とす女性は、自分なりの「女の見せ場」を〝ここぞ！〟というところで出せています。絶妙なタイミングで、好意や隙《すき》、弱さ、色気を見せています。しかも、**まわりの女性たちに気がつかれないうちに**（詳しくはCHAPTER 3「片想いが成就するLOVEルール」へ）。

モテる女性に対して「**またあの子ばかりモテてる、なんで？**」「**変わったことしてないよね？**」って不思議に思うのもそのはず、こっそりピン活動でハントしているのだもの。

わちゃわちゃ群れて男性から引かれないために、そして貴女の「メス力」を見て女友達の感情をザワザワかき乱さないためにも、ピン行動する勇気を持ってくださいね。

ピン行動できる女性は、それだけで男性の目には魅力的に映るものですよ。

RULE 09

昔の男友達から「ど本命扱いしてくれる彼候補」を見つける方法

皆様ご存じでしょうか？

国の調査によると、多くの人が結婚相手とは25歳前後で知り合ってるそうです。これ！　私のまわりではかなり当てはまっています!!

20代で付き合って、そのままゴールインした人たちはもちろんのこと、30代になって再会し、結婚してるパターンが多し！

出会いに困っている貴女！　これは無視できませんよ！

昔の男友達？　恋愛対象の人なんていないいいない（笑）

まぁ、そう決めつけずに聞いてくださいよ。若い頃の男友達と再会してみると、

「え？」と思うくらい印象が変わっていたりするんです。

チャラチャラして女のお尻ばかり追いかけていた彼が、すっかり落ち着いていたり。

どこか根暗で人見知りな空気感の出てた彼が、見違えるくらい垢抜けていたり。目立たない4番手キャラだった彼が、仕事への責任感で面構えがキリリッとしていたり。

社会の荒波にモミモミされて、あの頃は恋愛対象外だった男友達が、いい男にズルッと一皮剝《む》けていたって現象が起こって、**「アレ？　この人結構アリな感じに化けてない？」**って男として意識できちゃったりして。人生って本当に不思議なものです（逆にイケメンキャラが目の死んだ大人になってることもあるのよね〜）。

だから、「ナシ」と決めつけてはダメ。男友達と恋に発展させるためのルールを決行してみてください。

男友達と恋に発展させるためのLOVEルール

❶ さえなかった彼もいい男に成長してるかもしれないので会ってみること。
❷ 飾らない自分で楽でいられるからデート（再会）してみること。
❸ 恋に発展させるにはリニューアル感を出すこと。

昔の友達には飾らない自分で接することができる

新しく出会った人の前って、無意識に飾った自分になっちゃうもの。

たとえば、こんな調子で「はじめまして、神崎メリ子、29歳です。あ、趣味ですか？　最近は休日にパンを焼いてみたりして、ゆったり過ごすことが多いですね～。え？　お酒はたしなむ程度です♡」

ウソウソ！　パンなんて一回やってみたけど膨らまなくて大失敗したわよ！　休みの前の日は道玄坂でビールで飲んだくれ（笑）。翌日軽く二日酔い！　午後までツイッター見ながらダラダラ過ごしてるっていうね……。

素とかけ離れたインチキ清楚な設定にして苦しくなってしまいがち（笑）。

その点、昔の男友達なら、「メリ子最近、休みの日何してんの？」「あ～先週は新大久保で女子会したよ～。結構飲んだわ（笑）」「あ？　マジ？　俺、新大久保のうまい店知ってるよ？」とインチキ清楚な設定をせずとも、スッと入っていけるのですよね。

つまりは、お互いに警戒する必要もなく、一から「私（俺）ってこんな女（男）です」アピールをしなくていいから話が早いのですよ。

恋に発展させるには、異性として意識されるリニューアル感が必要！

自分を取り繕う必要はありませんが、恋愛に発展させるには、あの頃のまんまの貴女じゃダメ！

「いい女にリニューアルされた感」が相手を恋に落とすのに必要不可欠なんです！

それがなければ、異性として意識されることなく、ただの旧友との再会に終わっちゃいます（詳しくはCHAPTER 2「デートで男を落とすLOVEルール」へ）。

以前の貴女を知っているからこそ、「メス力」を身につけて、女らしく生まれ変わった姿に、「おおお？　お前いい女になったんじゃね？」と動揺するわけです。

それでも後日、特に遊びに誘われない場合、単純に貴女に脈ナシなので、「てか合コンしよ！」と出会いの幅を広げる方向に切り替えてみてもよし！　いちいち「私って魅力ない？」なんて凹まず、転んでもただでは起きない女になりましょ（笑）。

そして、再会してみて、貴女のほうが「やっぱりないわ（笑）」と感じたなら、必殺技を決して放たないこと！　無駄に勘違いされてめんどくさいことになりかねないので、要注意です。**むやみに男性の恋心スイッチを押さないのも「メス力」ですよ。**

RULE 10

「ど本命扱いしてくれる彼候補」に出会いやすい場所

「出会いがないならさ、趣味を増やしてみたら～？」

「うん、今度ワイン教室行くんだ～♪」

メス力番長こと神崎メリに、全力でダメ出しさせてくださいませ（こほん）。

女性が多そうな場所で出会いを求めるのは意味ないですから～～～！

一人の男性に女性が群がって殺伐《さつばつ》とするだけですから～～～！

女性多めな趣味の世界にいる男性、かなり手慣れたナンパ野郎ですから～～～！

全力で叫んだところで（はぁはぁ……少しはカロリー消費したかしら）、出会い目的の趣味について解説していきま～す♡

狙うべきは紅一点！

ズバリ「ど本命扱いしてくれる彼候補」に出会うためには、他の女性（敵）がいない場所に参加しなくてはイケマセン！

そう、狙うべきは男性が好きなジャンルに紅一点を狙って紛れ込むこと！

たとえば、

・カメラ（ちょっぴり意識高めのガジェット系男子多し）
・格闘技系のジム（ガチ格闘技に自信がない人はエクササイズコースがあるところがヨシ）
・軽めのスポーツ（室内のクライミング、ハイキングなど）
・社会人スポーツのマネージャーなど……

女性があまり出入りしないところで、貴女が興味を持てそうなジャンルを狙い撃つのです。

SNSなどでワークショップの募集をしていたりするので、勇気を出して参加してみましょう。**貴女に合わなければ、もう行かなければいいだけなので気軽にね。**

男性多めな趣味をオススメする理由

❶ナンパ師がいない（ナンパ目的の既婚者が出会いの場にはウヨウヨ！）
❷ライバルが少ない（男女率が同じ趣味は恋愛戦国です！）
❸いいヤツだけど、女性と接点がなくて独身という男性が紛れ込んでいる
❹女性が少ないので相対的にチヤホヤされやすい（選ぶ立場になれるかも）

婚活やアプリで男性と出会って結婚してる子、まわりにたくさんいます。そして、それと同じくらい「遊び目的の男に引っかかりました」「1歳でも若い女のほうに男性が群がってました……（涙）」と、「おクズ様」に遊ばれて傷ついてしまったり、条件をジャッジされ続けて精神的にヘトヘトになったりしている話もたくさん聞きます。

婚活の場って、男性も厳しい視点で女性を見ているもの（主に若さや年収）。その点、**趣味の世界なら、相手は貴女の条件をジャッジしようなんて、まず考えていません。**

趣味の世界では、**男の自尊心をくすぐる「褒め上手な女になるLOVEルール」が男性の懐にスッと入っていきやすいのです！** むしろ、このルールを使わないのであれば、男性多めの世界に足を踏み入れる意味はありません（笑）。

出会いで褒め上手な女になるLOVEルール

❶「教えてください」
男性は教えたがりのウンチクマン。うんうんと目を輝かして真剣に耳を傾けてください。

❷「詳しいですね」「知識豊富ですね」
これを言われると男性はルンルン気分に♪

❸「勉強になりました」
「せやろ？　またいつでも俺が教えてあげるで？」とニッコリ。

❹「スゴイなぁ。いつ頃からこの趣味始めたんですか？」
口下手な貴女にイチオシの言葉。男性がどんどん自分の話をしてくれます。相づちをうって話を聞き出し、相手の人となりを知りましょう。

出会いで疲れないコツは、**ピュアな気持ちで相手の尊敬できる部分を探し、これらの言葉を使うことです。**本当に勉強させてもらう気持ちで人様のお話を聞いてみましょ。

これらの言葉を展開されると、男性は貴女に好感を抱かずにはいられないので、「私っていい女でしょアピール」なんかせずとも、心理的な距離を縮めることができちゃいます。

そこから、「わからないことがあったら、また◯◯さんにお聞きしたいです〜」と言えば、ナチュラルに連絡先を交換する流れになることでしょう（既婚者には使用禁止ですよ）。

こんな男には要注意！

初対面から笑顔全開で、積極的に距離を縮めてこようとする男性には要注意。この手のタイプはそのグループのトラブルメーカー率がめっちゃ高いです！

女性同士の世界でもありませんか？

第一印象がよすぎる人は噂好きのスピーカー体質で、じつはまわりに距離を置かれていること。不思議なことに、あれとまんま同じです。

当たり障りなく接して、必要以上に会話しないのが吉ですよ。**いつの間にかまわりの男性たちに「この子俺担当なんでヨロシク！」的なお気に入り空気を出してマーキングしてくるので（大迷惑）。**

CHAPTER

2

デートで男を落とすLOVEルール

RULE 11

相手の恋心スイッチを入れる！デートへの誘われ方

「気になる人がいるけれど、まず連絡先も知らないし！」

「そもそも二人きりで会ったこともないねん!!」

「メス力を実践して彼の心を射止めようにも、チャンスがないんですぅぅ〜！」

恋愛初級者ちゃんから寄せられるこのご相談に、神崎メリ、寄りそいまっせ〜！　まずは、デートに誘われるために必要なルールを頭に叩き込んで実践するべし！

あの人からデートに誘われるLOVEルール

❶目が合ったら必ず「ニコッ」と笑う

これをやられると「俺に気があるのかな？」と男性は思います（ど単純）。そうすると男性は引き寄せられるように話しかけてくるようになります。この土台作りがまず一番重要。

❷雑談する関係性を作る

話しかけられたら、ニコニコしながら雑談しましょう！「いつもどのへんで遊んでいるんですか？」「おやすみの日は何しているんですか？」。このへんの会話は「聞き上手な女になるLOVEルール（118ページ）」と「出会いで褒め上手な女になるLOVEルール（91ページ）」をダブル展開させて、彼の話をどんどん引き出しましょう！

❸彼が好きなジャンルを裏で勉強する

「俺、ラーメン屋めぐりが好きなんだよ」「最近釣りにハマってて！市ヶ谷でできるところあるんだよ」「いつも三宿《みしゅく》で飲んでるね〜」。雑談をヒントにそれらについて勉強してみましょう。「そういえば、この間ヨシオさんが話していたラーメン屋行ってみました〜」とかめっちゃ喜びます！　貴女への好感度が爆上がりしますよ。

❹「最近オススメの○○ありますか？」

彼の趣味について質問しましょう。彼が「あ〜××にいいお店あるよ〜」と教えてくれたらすかさず、「楽しそう！　行ってみた〜い♡」。❶〜❸で関係を深めていたのであれば、きっと彼はこう答えます。「一緒に行く？」。この答えにならなければ、また地道に❶〜❸をして仲良くなりましょう♪

あの人からデートに誘われるためには、ジワジワと好感度を上げつつ親しくなり、最終的に誘わせるキッカケをこちらから投げるのです！

この流れであれば、彼のことを誘いにくい職場恋愛でも自然な流れで相手から誘ってもらえます！

仕事関係とかだと、誘って断られるのは気まずいものね……。できる限りデートは男性から誘ってもらうほうが、相手の恋心スイッチも入りやすいのが現実ですし。

そして、**このルールを成功させるには、いかに「聞き上手な女になるLOVEルール」や「出会いで褒め上手な女になるLOVEルール」で相手のことをリサーチし、彼に心を開いてもらえるかが大切か、わかるはず！**

恋愛初級者さんはこのへんの根回しをする前に、いきなり「ラッ、LINE教えてください……！」とか「デートしてください……！」とかやっちゃうから、男性に構えられてしまってうまくいかないのです。

だから、コツコツと根回しもせずにいきなりデートに誘うのは原則として、絶対にダメです！（いきなり誘うのはもったいないのよね～。したたかに賢くメス力で男心の隙間に入り込まんと～！）

もっと直球！　デートに誘うLOVEルール

しかし！　じつは男性をデートに誘う「LOVEルール」もあります。

それは**デートだと感じさせないこと！**　親しい男友達を飲みに誘うかのように、好きな人にも気軽に声をかけてみましょう！

「ヨシオさん、今日このあとヒマですか？　ご飯行きましょ〜！」

「いい日本酒の店知ってるんですよ〜行きます〜？（笑）」

「今、恵比寿で飲んでますよ〜！　近場なら合流しましょ〜♪」（フランクな関係なら「今から来なよ」もあり。笑）

男性を構えさせずデートに誘うLOVEルール

カラッとノリよく誘って、「ゴメン今日ダメなんだ」と言われても「OKで〜す!」とさっぱり流すこと!!

とにかく男性に〝一世一代のお誘い〟と悟られては、追われることがなくなってしまうので絶対にダメなんですよ(セフレ、キープ要員にされやすい!)。

そして二人きりで会うことになったら、いきなり好き好きアピールはしないこと!「あの人からデートに誘われるLOVEルール」を明るく楽しく友達ノリで実践してみてください。

親しくなってきて「お? 脈ありそう?」「私のことまんざらでもないな?」と感じたら、秘技「片想い知らずの女になる魔性のLOVEルール(132〜138ページ)」で彼の恋心に最後のひと押ししてみましょうね♡

なんにせよ難しく考えすぎず、ルールの流れと多少違っていても動揺せずに、ヒロインとして堂々とふるまうことが一番大切ですよ!

RULE

12 最初のデートに貴女の個性はいらない

今チマタでは、ワイドパンツやBIGシルエットの服、マットな派手色リップがトレンドですが、これらは男ウケ度ZERO％だということを、皆様ご存じでしょうか？

警告！　男性は視覚で恋に落ちます。この事実を無視して、トレンドや個性的すぎるファッションにこだわっていたら、いつまでも「ど本命」になれません!!

まずは、**見た目で男性を恋に落とすルールを身につけて、視覚で男性をキュンとさせなくてはダメなのです。**

ほら、貴女もこんな経験ありませんか？

デート中、スタイル抜群な女の子を、鼻の下デロ〜ンと伸ばして見ている彼氏にヒジ鉄したり、○○○のときに「……電気つけちゃダメ？」と懇願《こんがん》されたり（18禁失礼）。

男性の脳みそってほんっとに単純で、俺様のカラダつきとはてんで違う、女らしいフォルムを見てると「**女!! 女やで〜**」「**レディは大切に扱わなきゃ**（キリッ）」と脳にシグナルが送られるわけです。

神崎メリ自身、女らしいファッションをしているときほど、彼（夫）が一緒に歩いていて誇らしそうなことに気がつきました（皆様も観察すべし！）。

彼らは、私たちが想像する以上に、視覚のトキメキに恋心が左右されています！

だからこそ、**最初のデートでは、女らしいルックスで男性を恋に落とすことが「ど本命」になる近道なのです！**

さぁ、トレンドに踊らされて、男ウケをみすみす逃している場合でしょうか？

したたかに女らしさを武器にしましょ♪

男性ウケしないNGファッションも合わせてご紹介しますね♡

男目線だと個性的すぎる、メスカNGファッション

❶ 柄物アイテム・レオパード柄・南国柄・大振りの花柄など（柄、すごいね。笑）
❷ ワイドパンツ（建築系のアニキ？）
❸ 肩や袖にファーのついた服（ご飯に入るんじゃね？）
❹ フリルをふんだんに使った服（お遊戯会？）
❺ 総レースのワンピ（婆ちゃんちの電話カバー？）
❻ マカロンカラー（女子度が高くて気後れしちゃうわ）
❼ ウエストが行方不明なボリュームワンピ（マタニティ的な感じ？）
❽ レギンス（またモモヒキ流行ってるの……？）

❾ボーダー（部屋着にしか見えない……）
❿マットなリップや濃い色のリップ（食われそう！）
⓫ショートヘア（サラサラロングは男のロマンでごじゃる）

一見モテそうなフリル・レース・マカロンカラーのガーリーファッションも、男性からしたら、「ガチャガチャうるさくて、君のボディがよくわからないよ（泣）」とある意味、女らしさを隠してしまう「メス力のカモフラ柄」なんです。キラキラした女子力の高い服は、さして男ウケしません。これ、男ウケを狙ったときに、よくある勘違いなので覚えておいてください。

さて、お次は男性ウケするアイテムをご紹介します。

女らしいルックスで恋に落とすLOVEルール

❶リブニット（これがキライな男性はいないね）
❷Vネック全般（鎖骨にドキッ。谷間はNG）
❸シンプルなシャツ（清潔感あるよね）
❹シンプルなTシャツ（爽やか女子大好き）
❺ひざ〜ひざ下丈までのタイトスカート（女っぺ〜！）
❻ひざ〜ひざ下丈までのフレアスカート（め、めくりたい）
❼スキニーデニム（後ろ姿ソソるね〜お尻大好き♡）
❽シンプルで女らしいワンピ（思わず二度見するぜ）
❾黒・白・キャメル・ネイビーなどの制服っぽいカラー（制服は征服欲が高まるぜ）
❿ピンクベージュ・コーラルピンクなどの艶リップ（ちゅ♡）

⑪ 艶やかなサラサラストレート（ツヤツヤ触りたぁい）

男ウケコーデとは、女らしく見えるようにシンプルなアイテムを組み合わせることなのです。

必ず上半身か下半身のどちらかをタイトなシルエットにして、貴女をより女っぽくラッピングすると、男性の脳内に「あ、キレイな子発見！」と魅力的に印象づけることができちゃうのです！

「私には似合わないよ～」なんて言う前に、だまされたと思ってルールに沿ったファッションでデートに参戦してみましょう！

ファッションで自己主張するより大切なこと

「自分らしさを見た目でアピールしないで男心ってつかめますか？」

「なんかその他の女の子と同じ扱いされそう……」

そんなふうに疑問に思う方もいらっしゃるかと思います。

男性が、見た目のメス力が高い女性と会話したときの様子を想像してみましょ。

「ステキだな♡」と感じた女性が、仕事や生き方に独自の美学（信念）を持っていたり、人に褒められたことのない部分を褒めてくれたり、冗談が通じる余裕や賢さがあったりすると……**「内面までいい女やんけ!!」**とシビれます。**「逃しちゃアカンかも!?」**と狩猟モードに入ります。

メス力高い見た目×男心をくすぐる内面は、最強のかけ合わせなんです！

意外性やギャップは、個性的なファッションではなく、内面で見せてくださいね♡

自分の好みを大切にしたい乙女心の扱い方

じつは私自身、レオパード柄やパイソン柄などのアニマルアイテムが大好きです（笑）。

こういった自分の趣味は、バッグや靴、ハンカチ、スマホケースなどの小物類に凝ることで楽しんでいます。昔は、レオパワンピでデートに参戦し、男性に「女豹《めひょう》かよ」と引かれていました（苦笑）。女子会には、トレンドごりごりでキメて出かけています。

でも、**デートは男性の瞳にうるわしい自分に変身する日♡　思い切り女っぽくしています。**

こんな些細《ささい》なことで喜んでくれる顔を見ていると、デートのときまで自分の好みに執着する必要ないなぁ、と微笑ましい気持ちになるのですよね。

メス力高めなファッションは、媚びではなく、あくまで相手へのサービス！

義務感なんて吹き飛ばして、ヘアメイクもファッションも仮装気分で楽しみましょ♡

RULE

13

付き合う前に自分の話ばかりすると、男は恋に落とせない！

女の色気は間《ま》に宿る。それを台無しにするおしゃべり女！（ビクッ）

そこの貴女、デートで間を恐れてしゃべりすぎてはいませんか？

私たち女性は、トキメク相手とめぐり逢ったときに、**「真面目な女ですってアピールしなきゃ」「料理上手って話したほうが有利だよね？」「元カレに傷つけられた過去を受け入れてくれる人かしら？」**と、まぁもう雪崩《なだれ》のように自分の話をする傾向があります。

または、無言を恐れて自虐ネタに走ったりしてしまいます！

一方、男性が恋に落ちる心理の一つに、**「この子のことをもっと知りたい！」**という衝動があります（**冒険や謎を解くのが大好き！**）。

これは、あくまで「俺様が彼女の心を開かせて知った」という行程が必要ということ！　それなのに、貴女が自ら「私ってこんな女です！」とペラペラしゃべるということは、エンディングがバッチリ見えちゃってるゲームと同じなので絶対にダメなんです!!

そんなつまらないゲームに、男性の狩猟本能はかき立てられませんよね？　男性の狩猟本能をかき立て、恋心にも火を灯すには、おしゃべりすぎる女を卒業する重要なルールを実行すること！　でないと、友達止まりの関係から脱出できませんよ！

おしゃべりすぎる女を卒業するLOVEルール

【付き合う前にペラペラ話さなくていい内容】

❶ 交友関係「私の友達にA子っていて〜看護師なんだけど〜こないだ

ぁ〜」
❷家族の話「うちのママとこないだ〜ドコドコ出かけてさ〜」
❸過去の恋愛「元カレ、超おクズ様でさ〜ひどくな〜い？」
❹トラウマ話「昔ね、こういうことがあって〜クスン」
❺愚痴（初デートで愚痴る女性は、男性からしたら地雷臭がハンパない）

この手の話をし出すと、女性はめっちゃ長い上に、男性からしたら鬼つまらないんです！

そして、男性はチラリズムが好きじゃないですか？

それなのに、貴女がしていることは「ちゃ〜す！」とすっぽんぽんで登場するくらいあけっ広げで恥じらいがない行為だと自覚してください。

向こうから聞かれたら、控えめに答えて、「○○さんは？」と聞き返せばいい

のです！

すべてをいきなりさらけ出さずに、男性がもっと知りたいと想像力をかき立てられるような、余裕のある女になりましょう。

無言が耐えられない貴女へ

まだ気心の知れていない男性とのデートは、間が恐怖！

「**あぁどうしよう！　つまんない女だと思われちゃう！**」「**彼、退屈してたらどうしよ～**」とオロオロして、自虐ネタでウケを狙ったり、マシンガントークでなんとか間を埋めようとしたりする……。過去の神崎メリは間違いなくこのタイプでした。

もうね、マシンガントークなんて色気のカケラもない上に、自虐ネタかますなんて、男性からしたら、「**この子、付き合うほどの価値ないかも？**」と思われちゃうだけ。

この手のタイプは、まず、自分はデートをしてもらっているのではなく、デートに来てあげている、と思い込むこと。

その上で、デート中に無言になってもオロオロせず、ほんのりと微笑むような顔つきで、料理を味わったり、お店の内装を何気に見ていたりすればいいのです（スマホはNGですよ）。

彼と目が合ったらニコッとして「コレ美味しいね♡」「内装いい感じだよね？見入っちゃった」と言えば、相手は「連れてきてよかった〜！」「楽しんでくれてそう！」とホッとするわけです。

そう、女性がマシンガントークで楽しませようとするのではなく、あくまで男性に「この子のこと、俺楽しませてあげられてんじゃん」と充実感を与えることがデートの目的なのです。だから、間を恐れず、自分アピールに必死にならないためにも、このルールを実践してくださいね。

「色気がない」「黙ってればいい女」と言われたことのある貴女は、特にこのメスカが足りていませんよ。

男性は、**「この子のこと幸せにできそう」**と感じないと、2回目のデートになかなか誘えないもの。

そして、ワーワーうるさい女には、一切色気を感じず、恋心が芽生えないもの。**「マジでちょっとお口にチャックしてくんね〜かな〜」**と思いながら、聞いてるフリして脳内でゲームしていることでしょう。

自分のことを話しすぎず、笑顔で聞き上手になりましょう（聞き上手については、次のページで解説しますよ〜！）。

RULE

14

男性とのおしゃべりを制する者が恋愛を制す!!

前の項目では、「話しすぎない」に焦点を合わせましたが、ここでは恋愛の肝《きも》となる「聞き上手な女になるLOVEルール」について！（超重要）

じつは、男性は「俺様の話を聞いてくれ〜」と切望しています。お金を払って夜のお店でその欲求を満たそうとする人がいるくらい強い思いです。

貴女は、この男心を知らずに自分の話をペラペラ話したり、相手の話の腰をバキバキ折ったりしてきたでしょう？　それでは男心を満たすことは絶対にできません！

聞き上手って貴女が思ってる以上にめちゃくちゃ重要なこと。

加齢を恐れてアンチエイジングに異常に執着するより、聞き上手な女になってしまうほうが、歳を重ねても男心をつかみ続けられるのです。

このルールをマスターせずして長く愛される女にはなれないので、絶対身につけてください！

モテる女がやっている「女のさしすせそ」

モテる女性がナチュラルに会話で実行している「女のさしすせそ」。皆様は、もちろんご存じですよね？

【女のさしすせそ】

さ「さすが～♡」

し「知らなかったぁ♡」

す「すご～い!!」

せ「センスいいよね」

そ「そうなんだぁ～☆」

男性の「尊敬されたい欲」をくすぐる王道のモテテク、男性の会話に合《あい》の手として使うと効果抜群でございます。

でも、このモテテク、どうもぶりっ子臭が強すぎて、さっぱりした性格の女性や、姐御《あねご》肌の女性たちからすると「キャラ違いすぎて、無理なんですけど」と苦手に感じて、なかなか取り入れられませんよね（お気持ちわかりまっせ～）。

しかし！　ニュアンスをちょっぴり変えることで、貴女のキャラから浮かずに取り入れることができるのです！

聞き上手な女になるLOVEルール

【さっぱり系女子のさしすせそ】

さ「さすがじゃん」「へぇ、さすが！」

し「へー、知らなかったわ」「物知りだね」
す「やるね～、すごいじゃん」
せ「いいじゃん。案外センスよくない？」
そ「そうなんだ」

本当にちょっとしたニュアンスの違いで、会話に取り入れやすくなるのです！
かわいい系女子のさしすせそが、おメメうるうるさせながら「尊敬してまぁす」的な雰囲気だとしたら、さっぱり系女子のさしすせそは「案外頼りになるんじゃないのぉ～？　この私を唸《うな》らせるなんて（ふふ）」的で、強気な雰囲気が相性よし！

優しい雰囲気の女性に感心されるより、強気な女性に一目置かれるほうが自尊心をくすぐられて好き、という男性もじつは大勢いるのです。
だから、無理して裏声でブリブリするよりも、まるで女子アナみたいに優等生ぶるよりも、もっと普段の貴女のキャラにマッチする「女のさしすせそ」をマスターしたほうが、「ど本命扱いしてくれる彼」を引き寄せる確率が上がるのです。そして、何よりこっちも疲れませんしね（笑）。

ツッコミや自分の意見は言ってよいのです

男性がウケを狙ってきたら、ツッコミを入れてあげましょう。

意見を聞かれたら、「私はこう思うよ〜」と感じよくハッキリ伝えましょう。

男性は「私のお話」をダラダラする女性が苦手ですが（110ページ）、自分の意見を持っている女性には、内面がしっかりしていると感じてリスペクトの気持ちを持ちます。

意見を言うときのコツは、意見が違っても論破しようとしたりせず、「○○君の意見もいいね」と余裕を出すことです。

これらの会話術をマスターすると、誰でもカンタンに男性との会話が弾むようになるので、「できなそう！」と決めつけずにぜひトライすることです!!　気がついたときには自然体でできるようになりますよ！　身についた「メス力的会話術」は一生物ですからね。

RULE

15

「ショートコント・デート」の呪文を唱えて緊張をほぐすべし！

女性は、恋に落ちると、彼のほうが自分よりも格上みたいな錯覚を起こします。

彼のほうが外見がいい、彼はきっとモテる、彼に気に入られたい、彼に付き合ってほしい……。あー、私なんかのこと好きになってくれるかなぁ……？　私なんて特別かわいいわけじゃないし……、スタイルだってイマイチ……、特に胸の形には自信ないなぁ。

自分のことは霞《かす》んで見えちゃう反面、彼はとてつもなくキラキラ輝いて見える。そんな「私なんて病」の貴女！　お耳の穴をかっぽじってしっかりとお聞きください。

いいですか？　**男性は、他とは違う価値あるもの（女性）が大好きです。**レア感があるものを手に入れたくて飢えてます（ゲームのアイテムでも趣味のものでも、なんでもレア品にこだわるでしょ？）。

すなわち、**貴女が「私なんて」と自分を安く見積もった雰囲気を出してるうちは、彼の「特別な女と恋がしたい！」という気持ちを満たしてあげられず、「どう本命」にはなれません！**

だって、安っぽい女とのデートに特別感もご褒美感もなぁんも感じないもの（辛口）。

つまり、**女性が「好き」という感情に振り回されてキョドっているとき、男性からは安っぽく見えてしまい、魅力が消えてしまうんです（涙）。**

だから「自分から好きになった人」とは、なかなかうまくいかなくて、弄《もてあそ》ばれたり、相手にすらされなかったりして、悲しい結果に終わってしまいます。

この流れを卒業して、好きな人の彼女になるには、堂々とふるまわなきゃイケマセン！

どうでもいい人の「ど本命」になりたいんじゃないでしょう？　好きな人の「ど本命」になりたいのでしょう？

だったら、次にご紹介するルールをしのごの言わずにやってみることです！

（押忍）

しかし、大好きな人の前でキョドるのは、私たち全員一緒です！

恋愛を成就させるには、「私なんて」とキョドってる場合じゃありません。

堂々とふるまうべきです！

さぁ、ここからは**「デートで緊張をほぐすLOVEルール」**をお伝えします！

19時25分。待ち合わせしているお店の前に到着。駅のお手洗いで鏡は入念にチェック済み！　リップも塗り直して、歯に青のりもついてない！　ヒゲも生えてない！

はぁ、待ちに待った金曜日……。このドアの向こうに彼がいる（ドクンドクン）。

あぁ手汗かいてきた！　ドキドキしすぎてキョドっちゃいそう（涙）。てか格好変じゃない？　気合い入りすぎてない？　気持ちを静めるためにメス力本で読んだあの呪文唱えなきゃ!!

「ショートコント・デート」

これ、営業マンの友人から「緊張をほぐして客観的になる方法」として聞いたのですが、ネットでも話題になっていて、「ショートコント・面接」と心の中で唱えてから面接に挑むと、「ばっちりいいところ見せないと！」とガチガチに緊張していたのが、「これ、コントだからコント（笑）」みたいに気持ちがほぐれて客観的になれるというもの。

魅力的にふるまうには、「私なんて」と自分にばかり意識を向けて自意識過剰になっていちゃダメなんです。

どんな話題だと彼がイキイキしているか？

どんな仕草だと「ドキッ」としてそうか？

客観的に見ていく必要があります。


そうして押すべきところでガツンと押すんですよ。

相手が一番褒めてほしそうなところを見極めて、〝ここぞ！〟のタイミングで「そういうところ、カッコいいよね♡」と押す！

逆に、自信がなさそうなところには、「でもそのぶんさ、人より○○だからスゴイよね！」と押す！

冷静じゃなきゃ、この「必殺メス力」は放てません。キョドりつつ褒めても、媚びてる女に見えてしまいます。

デートのLOVEルールまとめ

デートでは、貴女が魅力的に見えるように、「私の話」をしゃべり散らさないために「おしゃべりすぎる女を卒業するLOVEルール」を実践すること！

「聞き上手な女になるLOVEルール」を使って、男の承認欲求を満たすこと！

そして、「デートで緊張をほぐすLOVEルール」で冷静になって、押すときにはガツンとカマす。

男心に響くメリハリの効いた「デートのLOVEルール」をぜひやってみてくださいね！

あ、「女らしいルックスで恋に落とすLOVEルール」を使い、視覚で男心をつかむのもお忘れなく……！「デートのLOVEルール」はすべてリンクしているのです！

CHAPTER

3

片想いが成就するLOVEルール

RULE

16

「片想い知らずの女」はドラマティックに攻める

「なんで男は、あの子にメロメロになるんだろう……マジで謎！」

女性目線では特別魅力的ではないのに、ガンガン男心を撃ち抜いていく、片想い知らずの女性が世の中にはいます！

彼女たち、じつは同性が見てない隙に、男のハートを撃ち抜く「魔性のセリフ」を言い放っています。この魔性のセリフこそが、恋愛における「押す」なのです！

「押す」とは、真剣な愛の告白ではなく、男心をドキドキさせるということ。

男性は、突然訪れるドラマティックな瞬間が大好きです♡

そして、押したあとはしっかり引いて、「え？　俺に惚れてたんとちゃうん？

え？」と錯乱させて、男の心に「好きかも！」とある意味錯覚を起こさせるのです（それが恋の始まりさ）。

片想い知らずの女に生まれ変わるには、「魔性のセリフ」を彼にビビらずカマさなきゃ絶対にダメ！

惚れられるのをじっと待っていたら、他の女性に盗られちゃうだけですよ！

永遠に「好きな人とは付き合えない女」をやっているつもりですか？

魔性のＬＯＶＥルールを「セリフ編」と「引く編」の２つに分けてお伝えします！

次に彼に会う機会があれば、絶対にトライすることです！

片想い知らずの女になる魔性のLOVEルール〈セリフ編〉

❶「カッコいい」は王道のセリフ

「あれ？　カッコよくなった？」「いつもビシッとしていてカッコいいですよね♡」。「カッコいい」に男性はウハウハ。

❷「〇〇が彼氏だったら頼れそうだよね」

しおらしく彼に相談ごとをして、最後に締めくくるセリフ。それまで女として意識してなかった貴女のことを意識し出すかも。

❸「バカね……♡」

彼が調子に乗ってからかってきたときに、真に受けたりしないこと。「バカね♡」「出たウケる！　ホントバカね～♡」とクスッと笑われると、貴女に余裕を感じて男性はドキッとします（ついでに二の腕でも軽く叩いてみましょう）。

④「彼氏？　いないよぉ〜。なんで？（チラッ）」

チラッのときに上目遣いでかわいく（人によっては色っぽく）見つめてみましょう。

⑤「そういう意味でもいいよ♡」

某芸人さんが某女優さんに「そんな深い意味はなく、合鍵を渡してもいいですか？」と尋ねたところ、「深い意味でもいいですよ」と返されたというアレ。男性と話してるときに「ゴメン、変な意味じゃないよ」的なことを慌てて言ってきたら使いましょう。

⑥「キライだよ♡」

「俺のこと好きでしょ？」と彼が暴走発言してきたら、あえて「キライだよ♡」と言いつつ笑顔で、できるならちょこっと二の腕にでも触れておく。「**絶対俺のことキライじゃねーし！**」と言葉と裏腹な仕草にドキドキ。

さてさて……デートでこれらを実行すれば、「好き」という言葉を言わずとも100％押したことになるわけです。解散したあと、彼は「ていうかぜってー俺に惚れてるし！」と鼻息ふがふがのるんるん♪

片想いを成就させられる女性は、ここでしっかりと引き、恋心に火を灯すことができます。

片想い知らずの女になる魔性のLOVEルール〈引く編〉

きっと彼からLINEが届くはずですが、当日は未読スルーしましょう。最低翌日のお昼過ぎまで返信してはイケマセン！

ここで貴女から「今日は楽しかった♡」「また会いたいね♡」とLINEしたり、即レスしては、さらに押すことになってしまうのでダメなのです。

ここで勇気を出して音信不通の時間を挟むことで、「え〜昨日絶対いい感じになったのに？　なんで？　俺なんかした？」と貴女との楽しいひとときを思い返し、「会って好意を確かめたい！」と思っちゃうんですよね〜(押しの一手だけで満足させちゃダメ♡)。

会ってるときは、ビビらずに「魔性のセリフ」をカマす！

会わないときは、さっぱりとしてメリハリをつける！

こういう「押す」と「引く」ができる「征服しきれない女」に男性はミステリアスさを感じて、狩猟本能がかき立てられるものなのです♡

これが片想い知らずの女がこっそりカマしている「LOVEルール」の真実！

実践すべし、実践すべし、実践すべし！

RULE

17

「片想い知らずの女」がやっている魔性のふるまい

「ま、魔性のセリフは、口下手な私にはハードル高すぎる……（愕然《がくぜん》）」全国の口下手女子の皆様！　ご安心くださいませ。親切印の神崎メリ、今回は「魔性のふるまい」についてもルールをお伝えしていきますよ。

片想い知らずの女になる魔性のLOVEルール〈ふるまい編〉

❶ 待ち合わせで彼が来たらニコッと笑う

スマホ見てる場合じゃない！　遅刻してる場合じゃない！　その瞬間の笑顔が恋の大チャンス！　逃すべからず！

❷ジッと2秒見つめて目をそらす

口元には軽い微笑みを。「ていうか俺に惚れてるやろ？」と勝手に確信。

❸王道「なんか酔っちゃったみたい」

乱れるのは、淫《いん》○女な印象になるのでダメですが、ほろ酔いでほんのちょっぴり（強調）スキンシップしてみる。いいんだよ演技で！　たとえ酒豪でも、片想い成就のためにココはあざとくいきなさい！

❹笑顔でため息

会話が盛り上がったら笑顔で「はぁ♡」とため息。「俺がこの子を幸せにしてる？」と勘違い。

❺お願い＋軽めのスキンシップ

注文の際は、彼に「これ飲みたいの。注文してくれる？」と言って、腕や脚をちょんちょんしてみよう。

❻デートでバイバイするときジッと目を見る

「キスしてええんか？　キスしてええんかぁぁ」と彼はドキドキ（キスしても18禁行為をしてはイケマセン）。

ぶっちゃけよう。要は、いつもの貴女より意識して女っぽくしなさいということ。

貴女のキャラを全取っ替えする必要はありません。が、エッセンスとして「魔性のふるまい」を使い、女らしさをチラ見せしましょう。彼に「お？　こいつも女じゃん……」と思わせなきゃ片想いは実りませんよ！　前項目の未読スルーも合わせて実践してくださいね。

これら「魔性のメス力」を出したとき、彼らは女の部分をチラ見せされたことに気がついてます！　それでいいのです。自分のために女らしくしてる姿は、男性の目にかわいらしく映るものなのだから……♡

ちなみにCHAPTER 1で「女友達と出会いの場へ参戦禁止のLOVEルール（75ページ）」をお伝えしましたが、どうです？　女友達の前で「魔性のメスカ」を出すのは、ふるまいすらも恥ずかしくて、なかなかできないものでしょう？　照れずに実践するには、一人で彼に会いましょうね。

RULE

18

男友達との恋愛を進展させるには、新鮮さを与えること!

男友達に片想いしている女性から、こんなご相談がたくさん寄せられます。

「付き合いが長い男友達だから、今さら恥ずかしくって女らしさ見せられません(泣)。しかも恋愛対象外にされてるから、最近いいと思ってる女の話とか、『アプリでアポ入ってるんだよなぁ～今週』とか聞きたくない情報垂れ流されてツラいんです!　助けてメリさん!!(東京都　ちくわぶ大好き　24歳)」


わかりまっせ～!　お嬢さん!

男友達と恋愛関係になるために必要なルールは、新鮮さを与えることです(ガツン!)。

これが実行できないと、きっと貴女の身にこんなことが近い将来起こりますよ

（以下妄想）。

女の子とHした情報を永遠に聞かされ続けた挙句、仲間の集まりに、「俺の彼女」「はじめまして〜♡」って突然彼女連れてこられて啞然《あぜん》。見たことない彼のデレデレ顔に嫌な予感がしたんだ。そしたら、あっという間に婚約しちゃった……。

結婚式の二次会。複雑な思いで二人の出会いムービーを眺める……。貴女なんかが彼に出会うず〜っと前から、彼のことが好きだったのに……！

「お前も早く幸せになれよ（笑）」

黙れ！　バーカ（涙）。仲間たちから酒を飲まされて、めちゃくちゃ笑顔なタキシード姿の彼。あ〜奥さんの姿、まぶしくて見られね〜。またいい子なのが余計にミジメ感増す〜。はぁ、テキトーな理由つけて来なきゃよかった。

そういえば、二度くらい二人っきりで遠出したんだよね。関係にヒビが入るのが怖くて、私何もできなかった。あの頃に時間を巻き戻したい……。

さぁ、貴女なら気になる彼に「LOVEルール」を実行してみる？

それとも、彼が他の女性と幸せになる姿を指くわえて見てるだけ？

絶対に恋を実らせたい貴女は、次の5つのルールを実践してください！


その前に、大前提として知っておきたい男心を解説します。

どんな男性でも、本能的に新しいものが好きです。


変な話ですが、10年仲間としてつるんでいる気心の知れた美人の女友達より、「はじめまして♡」のふつうの女の子にときめいちゃうものなんです。

仲間うちの飲み会に新しい女の子が来て、ウキウキしてる男性陣の姿を見たことはありませんか？　アレはこういうことなんですよ。

だから、今までのまんまの貴女じゃ不利っていうことを、まずは理解した上で、貴女が生まれ変わらなきゃダメなんです！

脱〝今さら感〟！　男友達に新鮮さを与えるLOVEルール

❶しばらく集まりをおやすみする

特に定期的につるんでいる仲間なら、しばらく参加を見送るべし！　新鮮さを与えるための下準備期間になります。

❷見た目のイメチェンをする

「女らしいルックスで恋に落とすLOVEルール（106ページ）」を参考にして、服装やヘアメイクを男性ウケする方向にガラッと変えてみること。男性は見た目から恋に落ちるイキモノ。ここに変化をめいっぱいつけて、「なんかかわいくなった⁉」と思わせること！

❸ふるまいのすべてに「デートのLOVEルール」を意識すること

（CHAPTER 2）

付き合いが長すぎて、彼の前で愚痴を言うことが多かったり、座るときの姿勢がだらしなかったり、大口開けてガハハハと笑ったりして女を捨てていませんでしたか？　まるで、最近出会ったステキな男性に接するような気持ちでふるまってみてください（完璧じゃなくてもいいので一歩一歩）。

❹褒め言葉をかけてみること

見た目もふるまいも「LOVEルール」を実行したとき、「お前どうした？　いい女になったけど恋でもしてんのか？（笑）」なぁんて男性はからかってくるもの。「ありがと（笑）。久しぶりに会ったけど、○○もなんか前よりいい男になった？」とさらりと言ってみましょう。

❺魔性のセリフとふるまいを実践すること（132・136ページ）

貴女の見た目やふるまいに新鮮感を与えたあとで、コレをやってみるのです！「メリ子……ヤバイな俺、なんかかわいく見えてきた」。こう思わせて女として意識させることが目的。

男友達との恋愛進展に焦りは厳禁！　❶〜❹でじっくりと様子を見ながら、彼が自分を女として意識してる様子が見え隠れしたら、思い切って❺の魔性感をガツンとカマすのが、男友達との恋愛を進展させる「LOVEルール」です！

「ふわ〜お前そんな隠し球持ってたんけ！」と一気に恋に進展する可能性大でございます。

彼からガッツリ押されたとしても、焦らず慌てずガッツかず、「大切な関係だからこそじっくり進めたいの♡」と笑顔でオテテなんか軽〜く握りながら、18禁行為はジラシましょう（魔性）。一気に婚約の話に飛躍する可能性まであったりして（笑）。

RULE 19

有名人と付き合う「ヒロインマインド」をインストールせよ

有名人や憧れの人、スーパーモテる男性とお付き合いしたい貴女！

まずは、その格下根性を叩き直さなきゃダメですよ！

私の元には、憧れの芸能人と出会うことができ、**お付き合いしたかったのに、お突き合いで終わっちゃった**とのご報告が、裏垢らしきところからDMにてたくさん寄せられています。

一番ヒドかったのは、「彼氏」のはずの有名人が「超有名女性芸能人と結婚した」と朝TVをつけて知ったというもの……。

「**芸能人だもん。多忙だよね。たまに音信不通になるのは仕方ないよね**」

業界のことなんてわからないから、彼を一途に信じていたら、この仕打ち……。

有名人なんて、そのへんの道端で呼吸してるだけで、「キャ〜！　遊びでもいい！　抱かれるだけでいい！」という女の子がザックザク寄ってくるのだもの。**もう私たち一般人が想像する以上のケタ違いのモテを味わうんです。丸腰で勝負を挑んで勝てるワケがアリマセン！**

そんな恋愛戦国でどうふるまうのが正解なのか？　しっかりルールにして解説します！

有名人との恋愛だけでなく、憧れの人とお付き合いしたい貴女も超必見！　やらなきゃ損です。

憧れの人と付き合うLOVEルール

❶自分が格下だと思い込まない

有名人は、どハマりして「ど本命婚」した奥さんについて、口を揃えてこう言います。「俺に唯一媚びてこない女だった」。ステキな人を目の前にして媚びずにいるには、「私って彼より格下……」なんて思っていたら不可能。相手がスーパースターでも堂々とふるまうことです！

❷「〇〇さんですよね？」と聞かない

これも有名人の「ど本命婚」あるある。どこへ行っても「〇〇さんですよね？」と聞かれることにウンザリしています。彼のことを知らないかのごとく自然にふるまうこと！

❸「ファンなんです」と舞い上がらない

その瞬間、貴女と彼の関係は彼の中で「ファンと有名人」に固定されちゃいます。

❹「〇〇してください」とへりくだらない

「握手してください」「連絡先教えてください」「遊んでください」。有名人に限らず、男性はこれを言われてしまうと、追う気持ちが途端に萎えてしまうそうです。「連絡先教えてよ」くらい堂々としてるほうがマシ（笑）。

⑤泣かない

感動して泣かないこと（笑）。いや、いいんです。ファンとして接しているぶんには、大アリ！　でも「ど本命」になりたいのならNGなんです。

彼らはね、チヤホヤされている有名人だからこそ、**追い甲斐のある女性にとてつもなく飢えているのだと思いますよ。**

男性って本当に素直なイキモノで、ある意味環境に染まりやすかったりします。いつでも「**お願いします♡　Hしてください！**」と据え膳状態の女性ばかり相手にしていると、遊び人気質が骨の髄《ずい》まで染みついた「超（スーパー）遊び人おクズ様」になってしまうか、「**女ってなんてチョロくてバカばっかりなんだ……**」と女というイキモノにとことん幻滅した「女性軽視おクズ様」になってしまうのです……（このタイプは、女性への理想が異常に高くなりがち。美人の処女がいいとか)。

だから、「私は今までのお手軽な女とは違うの」って強い気持ちを持ち続けることができないのなら、有名人の「ど本命」なんて目指しちゃダメなんです！ 彼らを幸せにする器もないのに、「ど本命」を目指すなんておこがましいのですよ(喝《かっ》)。

憧れる気持ちに負けず、堂々とふるまうことを自分に鞭打《むちう》ってでも成し遂げた女だけが、恋愛戦国で勝つのだと理解してください！

彼らはカンタンに抱ける女、言いなりになる女なんて、ン千人単位で見てきているのです。

俳優さんと「交際0日婚」して芸能界を引退したあの美人女優なんて、数年アプローチを断り続けたっていうじゃありませんか(笑)。

有名人に限らず、モテる男性に恋している貴女も同じですよ。たまにありません？　正直な話「え？　なんであの人があの子と結婚⁉︎　いっくらでもよりどりみどりでしょっ⁉︎」という不思議な現象。しかも、男性側がしっかり惚れている様子だったりして。

私たちは下世話にもこう噂しますよね（笑）。「え～なんだろう？　超料理上手とかぁ？」「いや、床上手よ。きっとすごい技とかあるに違いない……」「尽くすんだよ！　誰よりも！」「彼女の親が資産家なんじゃん？」（失礼すぎる……苦笑）。

こういう女性は、「落とす」と決めた男性の前で堂々とふるまい、かつ「魔性のメス力」をきっちりと展開しております。むしろ、彼からの1回目の告白を断っていたりすらします（笑）。

そのヒロインマインド、私たちもインストールしましょうね。

CHAPTER

4

「おクズ様」をお見切りするLOVEルール

RULE

20

「おクズ様」はデートでふるいにかけて深入りしないこと！

「メス力」を高めていけば、どんな男性からでも「ど本命」として愛されるかというと、そうではありません。

貴女を遊び目的としてしか見ていない「おクズ様」は永久にそのまんまなのです。

だから、どんなに貴女がいい女にアップグレードしようが、湧いてくる「おクズ様」をしっかりと見極めてバッサリお見切りしなくては、いつまでたってもツラい恋愛から足を洗えないのです！（おクズ沼の泥んこでドロドロやで〜）

「ど本命」をつかみそこねて「おクズ様」に引っかからないためにも、「付き合う前におクズ様を見極めるＬＯＶＥルール」を必ず実践すること！（約束）

弄《もてあそ》ばれて無駄に心の傷を増やさないために、超重要なことなのです！

付き合う前におクズ様を見極めるＬＯＶＥルール

❶リスケしまくる「おクズ様」

男性は真剣に口説こうとする女性とのデートを心待ちにしています。当然、直近の予定で優先順位1位です！　一度ならず二度までもリスケしたり、日程を自分から決めようとしてこなかったりするなら、貴女への思い入れはゼロでしょう。

❷遅刻する「おクズ様」

5～10分の遅刻ではなく、当日よくわからない理由で（寝てたなど）大幅に遅れてくる。付き合う前のデートから緊張感がない男性は、貴女のことをナメています。

❸下ネタ「おクズ様」

「へぇ、彼氏いないんだ？　ってことはアッチのほうはご無沙汰？」など、どんな内容にせよ、付き合う前から下ネタを振ってくる男性は100％遊び目的。

❹待ち合わせ場所が俺んちの側《そば》「おクズ様」

間違いなく、その日の流れでお持ち帰りすることを目論《もくろ》んでいます。貴女の都合がいい場所でデートをしましょう。

❺ボディタッチ「おクズ様」

肩を組んだり、さりげなく太ももに「ねぇねぇ」と触れたり。下心が抑えきれなくてしてしまう行動（ムラムラ）。本気なら男性は軽々しく触れてきません！　脳内妄想で留めます！（〝手相を見せて男〟とかも、彼らはただ体に触りたいだけ）

❻調子のいいことばかり言う「おクズ様」

「キレイだね」「本当にタイプ」とやたら調子がいい。その一方で妙に馴れ馴れしく、誠意が感じられなくて違和感を覚える。❺のボディタッチタイプと複合すること多し。

❼優しいのに違和感を覚える「おクズ様」

優しいし紳士なのに妙に「この人あやしい」という思いが拭いきれない。女の勘が作動しています。相手は彼女がいるか、既婚者でしょう。

❽結婚する気はない「おクズ様」

「みんな、なんで結婚するんだろうなぁ？」「俺、結婚願望ないんだよねぇ」と聞いてもいないのに告白してくる。これ「これから口説くかもしれないけど、オマエとは結婚する気ないからな！」という予防線張りなのです。

❾お説教「おクズ様」

「メリ子はさぁ、こういうところがダメなんだよ」となぜか上から目線で説教してくる男性は、高確率でモラハラ男です。逃げましょう！

❿店員さんにイキる「おクズ様」

このタイプもモラハラ体質です。特にお馴染みのお店で、常連客ヅラして、無理難題をふっかけたり、店員さんをバカにしたりしていないかに注目。

⑪ドケチ「おクズ様」

付き合う前から割り勘しようとする男性は要注意！　男性は「ど本命」を口説くときに割り勘になんてしません！　昼ごはん代を節約してでもデート代は確保します。

⑫元カノの話「おクズ様」

「聞いてね〜わ！」と言いたくなるくらい元カノの話をしてくる男性は、未練タラタラ！　付き合ってからも比べられることになります。

⑬基本LINEの返信がない「おクズ様」

付き合う前から連絡がつきにくい。もはや遊び目的を通り越して、暇つぶし要員程度の気持ちしかありません。

女性がデートの段階で舞い上がらずに、冷静な視点を持っていれば、この手の「おクズ様」をすぐ見極めてお見切りすることができます。

カラダを許してから音信不通にされたり、半年後モラハラ男だと気づいたりしなくてすむのです。

だから、「**きっと私の考えすぎ！ 彼はいい人だし、結婚する気がないのだって気持ちが変わるかもしれないもん**」と盲目になるのは危険！

必ず、付き合う前に「おクズ様」かどうかしっかり目を光らせて、判断してください！

今お見切りするのがツラくても、必ず1年後「あれでよかったわ。完全にカラダ目当てのおクズ様じゃん」と女子会のネタにできますから。

男性は貴女が「ど本命」なら、わざわざこちらからいいところを探し出さなくても、貴女に対していいヤツ全開できます。精一杯紳士にふるまいます。女性慣れしていなくても、彼なりに頑張ります。その必死な姿を見て、誠実さを感じることでしょう（「飲食店のソファー側は女性に譲るもの」と知らないかもしれませんが、優しく教えてあげましょう）。

女性慣れしていてスマートにふるまうことができても、女性が喜ぶ言葉をささやけても、たとえバーキンを買ってくれたとしても、貴女に心から惚れていない男性は「おクズ様」です。

貴女が精神的にツラいとき、必ず手の平を返してきて、さらにツラい思いをしますよ。深入りする前にお見切りしましょう！

RULE

21

「付き合って」を言わない男の真意を直視すること！

男性は、女性よりもずっと独占欲が強いイキモノです。

事実、男性は「ど本命」とめぐり逢ったとき、告白すらすっ飛ばして、プロポーズすることとさえあります。これは男性の狩猟本能がフルで発動されて、「1秒でも早く彼女を独占しなきゃ！」と焦ってしまうからです！

彼の瞳には貴女は輝かしいヒロインとして映っていますから、告白をチンタラ先延ばしになんて「するワケがない」のです（3回目のデートまでには告白します！）。

実際に私のブログや本を読んで「メス力」を実行し、「ど本命」扱いしてくれる彼にめぐり逢った読者様は「信じられないことに何一つ不安がありません！しかも結婚前提でした！」と口を揃えます。

「今までの恋愛は、彼となかなか会えなかったり、連絡待ちしてモヤモヤしてたのに、『ど本命』扱いしてくれる彼とは、そういうことが一切なくてビックリしてます。向こうから『会いたい』とジャンジャン連絡来るって本当ですね」「信頼できるから、束縛する必要がないんです！　元彼のときは、SNSで監視したりして必死な女だったなと今思います（笑）」など。

過去の恋愛がスムーズに進まず、いつもイライラしていたのが不思議なくらい、「ど本命」扱いしてくれる彼との恋愛は、はじめからうまくいくものなんです。

だから、デート相手からいつまでも交際を申し込まれないという状況には、だいたい問題があります。それは、**「貴女と付き合う気がそもそもないかも」という問題**です。このタイプの「おクズ様」は、深入りする前に見極めなくては貴女が傷つくことになるので要注意！

思い返してください！　付き合う気はないけれど、**「Hしたいな！」「セフレにできたらラッキーだな！」**、こんなふうにヨコシマな思いで寄ってくる男性にまんまとだまされ、カラダを許してしまい、ある日突然音信不通にされ、やっと連絡がついたと思ったら、「え？　俺たち付き合ってたっけ……？」なんてすっとぼけられて悔しい思いをしたことを！

「おクズ様」からキープ要員にされるだなんて、なんという屈辱《くつじょく》でしょう！

二度と悔しい思いをしないように、自分はキープ要員かを見極めるための大切なルールをお伝えしていきます！

彼の真意を直視して、**「彼って、他の男性とは違って、ちょっと変わってるの（変わってる状況なの）」**と都合よく解釈するクセを直してください！

貴女は男性にこんなことを言われて関係を濁されてはいませんか？

男性は、キープ要員を**「都合よくHできるから、付き合う気はないけど、切るのは惜しい」**と考え、こんな言葉を使って、のらりくらりつなぎ止めようとします！　こんな「付き合えない言い訳」をされていないかチェックしてください！

貴女がキープ要員かを見極めるLOVEルール

❶「元カノが忘れられない」

男性は「ど本命」にめぐり逢えば、元カノなど超どうでもよくなるもの。貴女と付き合う気がないことへの言い訳です。

❷「仕事が忙しい」

まともな社会人男性は、基本多忙です。「仕事が忙しいから、今は彼女を作る気がない」という男性は、貴女と付き合う気がない、それだけです（男性よ！　この言い訳使いすぎ）。

❸「次付き合う人とは結婚したいから、じっくり考えたい」

先ほど書いたように、男性は「ど本命」とめぐり逢ったら〝秒〟で告白します。プロポーズもありえます。これを言われる時点で、「ま〜悪くはない子だけど、わざわざ付き合うまででもないかなぁ？」と相当下に見られていると気がついてください（そんな男性、貴女からお断りすべし）。

❹「トラウマがあって」

両親が不仲だった、婚約破棄された、元カノに浮気された……。いろんなことを言ってきますが、すべて言い訳です。男性は「ど本命」を目の前にすると勝手にトラウマが消えます（超単純）。

❺「形にこだわる必要なんてある？」

「付き合うって形にこだわるのおかしくね？　人間は形じゃなく心でつながるんだぜ」的なことをおホザきになりますが、貴女と付き合う気がないだけ！　しかも複数女がいるのがこのタイプ（要注意）。

❻「大好きだよ」

「付き合う気がある？」と女性が意を決して切り出しているのに、「大好きだよ？　俺、不安にさせちゃってる？」と甘い言葉でケムに巻こうとする。誠意ゼロ！

このルールに当てはまる男性は、貴女をキープ要員にしようとしている可能性大！

都合よく解釈したり、恋に溺れたりせずに、様子を観察してください！

彼が貴女と付き合う気があるかを手っ取り早く確かめる方法があります。

デートを重ねるうちに、きっと彼はキスをしてくるでしょう。そのときに「これ以上は、彼氏以外の人とはしない主義だから……」と断りましょう。「ど本命」なら、そのあと正式に告白してきますよ。

海外の男性の場合は、「付き合って」の代わりに「アイラブユー」が「俺は君にマジだぜ」宣言となるそうです（告白文化がない）。

私たちのイメージとは違い、この言葉をすごく大切にしているのだそう。たしかに海外ドラマでも、「ついに彼に愛してるって言われちゃった〜！」的なシーンがありますもんね。

しかし、「おクズ様」の中には、Hをしたいがゆえに、とりあえず付き合おうと言う人もいます（海外のおクズ様はすぐに「アイラブユー」を連発するんでしょうな。笑）。貴女に告白してきた男性が、貴女を「ど本命」と思っているのか、「おクズ様」なのか、しっかり見極める方法もあるので、次の項目で紹介していきますね！

ちなみに、貴女と付き合う気のない「おクズ様」は、貴女から音信不通にするのもよし、LINEをブロックするのもよし、「付き合いもしないのに、カラダを許すような安い女だと思った？」と啖呵《たんか》を切ってからお見切りするのでもよし！

大切なのは、もう関わらないことです。関わるとゴミのように扱われて心が傷つくだけです。どうかヒロインとしてのプライドを持って、貴女を大切にしない男性には、期待しない、関わらないと決めてくださいね。

「おクズ様」をお見切りすることが、「ど本命」へ近づく第一歩ですからね。

RULE 22

「告白されてから3ヶ月はH禁止」でガッツリ見えてくる男の本音

はい注目！　今から超重要なルールをお伝えします！

3ヶ月はHを禁止します！

彼から「付き合おう」と言われたあと、絶対に3ヶ月間はHせずに、じっくりと時間をかけて関係を深めていかなくてはイケマセン！（そもそも付き合ってないのにHしてはいけません）

私は何も「女たるもの清らかに生きるべし！」「はしたないからやめてください！」なんてキレイごとを言いたいわけではありません。

女性の本能にブレーキをかけるためにそうしましょ！　と言っているのです。

彼が「ど本命」か確信しないうちにHしてしまった。回数を重ねるごとにどんどん彼への気持ちが膨《ふく》らんでしまって、でも、彼はHしたいときしか連絡くれなくて……。

相手が「おクズ様」だって本当は薄々わかってるのに、ありもしない「ワンチャンど本命になること」を夢見て1年2年とすがりつき、ある日、風の噂で彼が結婚したと知ることになる（ウソでしょ……）。

なぜ、私がブログやインスタグラム、著書などでここまで厳しく「3ヶ月はH禁止ですよ！」と言い続けているのかをご説明します。

女性はカラダの関係になると、気持ちにブレーキをかけることが難しくなってしまいます（恋は盲目スイッチオン）。そして「おクズ様」から離れられなくなってしまうのです。

しかも、狩猟本能が旺盛なハンターである男性は、カンタンに手に入ったものを大切にはできません。逆に、時間をかけてハントしたものには達成感があり、大切にします。

貴女が冷静さを失って「おクズ様」にすがらないためにも、男性に達成感をプレゼントするためにも、「3ヶ月間はH禁止のLOVEルール」を厳守してください！

貴女がカンタンにカラダを許さないということは、彼を喜ばすことでもあるんですよ！　彼に存分に貴女のことを妄想させまくってから結ばれてください！

初合体で彼は心から感動しますから（昇天）。

断り方がわからない貴女へ

さて、告白をされたとき、付き合うことにYESと答えてもいいですし、「もうちょっと時間をかけたい」と伝えてもかまいません。

一番大切なのは、どんなに盛り上がっても、付き合ってから3ヶ月はキス以上、もっと具体的に言うと、お触りさせないことです（過激）。

男性は、キスをしてテンションが上がると、オテテがサワサワと貴女のカラダの上をお散歩してしまいますよね？　そんなときは「これ以上はダメ♡」と彼の手を握ってやめさせましょう。「もっと時間かけたいから……ね♡」と言いましょう。主導権は貴女が握るのです！

このルールを伝えると、たいてい「メリさん！　さすがにムリなんですけど!!」という反応をされることが多いです（笑）。たいがいその理由はこんな感じ。

●自分の性欲を抑えられない

女性にも性欲はありますよね。しかも、好きな人ができると早く結ばれたいと願うもの。その気持ちが抑えきれない。

●早くHしないと彼に悪い気がする

貴女、そんなにカンタンな女性なの？　何も悪いことなんてありません。待たせることは、貴女への気持ちを高ぶらせる期間でもありますから。

●彼に逃げられそうで怖い

Hを待たせたときに逃げる男性は、そもそも貴女が「ど本命」ではありません。逃げられたら、「おクズ様」確定。むしろ正解、セーフ！

まずは、**貴女自身が彼と早くHしたいという気持ち（性欲）を抑えてください！**

そのメス力ふんどしのゆるみが「おクズ様」をつけ入らせる隙ですよ！

何？　ガマンできなそう？　ならば、あえて死ぬほどダッサイ下着でデートに行きましょう。無駄毛を処理せず、ふっさふさで行きましょう！

「こんな姿、絶対見せられない」という状態でデートに挑む。貴女のメス力ふんどしはゆるむことなくルールを守り切ってデートを終えられるでしょう（ニッコリ）。

ちなみに、軽々しく「付き合おう」と言ってくるカラダ目的の「おクズ様」は、待たされた時点でしびれをきらして去っていきます（3〜4回目のデートで限界）。

なかには複数人とデートを重ねていて余裕があり、3ヶ月くらいはHできなくてもデートに誘ってくる「おクズ様」もいます。念には念を入れて3ヶ月は待たせましょう。

お互いに「ど本命」同士だった場合、カンタンにはHしない3ヶ月間で、お互いに好意がどんどん膨らみ、「大好き同士だけどHをガマンしてる」という最高の状態になります。大人の恋愛、「しない期間」を楽しんでください！

一度3ヶ月ルールで「ど本命」と結ばれたら、カンタンにHすることがどんなにもったいないことか、身にしみますよ（それくらいスゴイのです）。じらすって本当の意味で一番Hな女なのですよね（笑）。

貴女がこのルールを守るということは、「ど本命」扱いしてくれる彼に対する

妄想サービス期間であり、同時にカラダ目的の「おクズ様」をお見切りできて一石二鳥ということですよ♡

貴女が「まだダメ」と伝えているのに、「いいじゃん！　固いこと言うなよ」「ホテル取ったのに〜（ムスッ）」「お高く止まってるなよ。初めてじゃないんだろ？」「体の相性って大事だよ？」「飲もうよ（酔わせようとする）」「家行っていい？（家来る？）」

こんなそぶりをされたら、お見切り案件なので、どうぞよろしくお願いします。

ハッキリ予言します。このタイプの「おクズ様」は、Hが終わった瞬間からなんとなく素っ気なくなり、3ヶ月後にはＬＩＮＥの返信すらしてくれない、デートもドタキャンする男に豹変《ひょうへん》しますよ。そのとき、貴女はずいぶんハマり込んでいて毎晩泣くことになりますからね。

メス力ふんどし、ゆるませることなく見極めましょうね♡

RULE

23

彼女とは名ばかりの「隠れセフレ」にされていませんか？

「全然彼氏らしいことしてくれないんだけど〜（涙）」と貴女の頭を悩ましている現実は、そもそも彼が貴女をセフレだと思っていたことが原因だとしたら、さ〜て、どうしましょうか〜？

【重要】男性は、俺様の欲求を満たすためなら、ちょっと卑怯な手口を使うことがあります。

男性のムラムラ（性欲）は、私たち女性のそれよりも計り知れないくらいに強い衝動だそうです。自分のムラムラを静めるために、お金を払う人もいるくらいです（女性にはそこまでの感覚ないですよね〜）。

「あ〜女抱きて〜な〜」とムラついているときにですよ、「付き合おう」だの

「かわいいね」だの甘い言葉をささやけば、ホイホイHさせてくれそうな女の子が目の前に現れたら、つい魔がさしちゃうのが男のサガというものなのです……。

男「付き合おうよ（突き合おうよ）」

女「うん♡（わぁ、運命の人かも！　結婚できるかも！）」

「3ヶ月H禁止のLOVEルール」をぶっちぎり、自分が彼の「ど本命」かを見極めることなく、そのまま即カラダの関係に。その直後、**急にそっけないいんだけど、どういうこと？　頭に思い描いていた「ラブラブカップル」とはほど遠いんだけど⁉**

こんなふうにちっとも楽しくない交際をしている貴女！

彼にとっては単なるセフレかもしれませんよ！

「メスカ」では男性の性欲処理要員＝セフレになることは禁止します！

こんな仕打ちをされているなら、今すぐに別れるべきというルールをお教えしますね！

今すぐお見切りするためのLOVEルール

❶ デートが家かホテルばかり

貴女とデートしたいわけじゃなく、Hさえできればいいから（TDLはおろかタピオカすら一緒に並んでくれない）。

❷ 彼の家にあげてもらったことがない

セフレに家を知られたくない、または本命と同棲中。

❸ 連絡が1日1回あればいいほう

貴女のカラダ以外に興味がないから。「俺、マメじゃないんだわ」

❹ 平日の夜集合したらHして解散

貴重な休日を貴女のために使いたくないから。「明日も早いから、また連絡する〜」

❺ 土日の昼間に会ってくれない

昼から会うと時間が長くてダルいから。「平日の疲れがとれないから
ゆっくりしたいんだわ」

❻ 避妊に協力してくれない

自分の快楽優先だから。「ピルとか飲みなよ♪」（赤ちゃんできても知〜
らない）

❼ Hの内容が過激すぎる

貴女のことをオモチャだと思っているから。野外・撮影・複数人・暴
力的など。

❽ Hの内容が彼だけが満足するもの

貴女のことを右手の代わり程度だと思ってるから（俺様だけが満たされ
る10分）。

❾ 他の女の影がある

そもそも本気で交際してないから。「俺を束縛すんな！」

⑩友達に会わせてくれない

セフレを紹介する必要はないと思ってるから。貴女の友達にも会ってくれない。

⑪イベントや記念日は、「仕事なんだよね」かドタキャンする

イベントなんてかったるいことは貴女のためにしたくないから、プレゼントはもちろんナシ。

⑫上から目線でバカにしてくることが多い

貴女の人格には興味がなくて、道具としか思っていないから。「お前ってさ〜、もっとこうしろよ？」

❶以外の項目が一つでもあったらアウトー！「私、彼女じゃなくてセフレじゃない？」と悟るべきです。どれもこれも男性は「ど本命」には絶対できない行動

ですからね！

もし❶だけなら貴女がデートの内容にケチをつけて、そう仕向けてしまった可能性があります（詳しくはCHAPTER 5「『ど本命クラッシャー』にならないLOVEルール」へ）。

❷で自宅に呼んでくれたとしても、途中で「俺、このあと用事があるから」って帰されちゃって彼と丸一日一緒にいることも、連泊することもありえない……。または、自宅にすら呼んでくれず、貴女の家やホテル、車（!?）でHして即解散か、Hが終わったら即大爆睡（爆睡自体はありがち）。や〜〜〜っと起きたと思ったら、イチャイチャしたり食事したりすることもなく「ヤベ！　夕方じゃん。帰る！　また連絡するわ」。**ああ、彼が起きてくるのを待って1日が終わってしまった……。**

私って彼にとってなんだろう？　全然大切にされてる感ないけどHだけの関

係？

こんなふうにミジメな気持ちにさせられることがあるなら、もうね、それはビンゴなの。Hのあとにわき起こる感覚はウソつかないの。

相手が「ど本命」であれば、Hしたあとに心が満たされるものです。「**女に生まれてよかったなぁ〜**」とシミジミ感じます。その感覚にならない時点で、関係に終止符を打ちましょう。

「メスカ」で男性の性欲処理要員（セフレ）を禁止している理由

思っている以上に女性は心とカラダが一体であるもの。

カラダを弄ばれると、どんどん心がすさんでいって、無意識のうちに「私なんて病」が加速します。すると、自分自身を安く扱ってしまうクセがつき、「ど本命」なんてどんどん遠のいてしまうのです。

だから、絶対にセフレになってはイケマセン！ **自分がセフレ扱いされていな**

いかをチェックして、自分の身も心もしっかりと守らなきゃダメですよ！

貴女に赤ちゃんができても、きっとその彼は責任なんてとってくれません。命を手放すなんてそんな悲しいこと、貴女は本音では望んでなんていないでしょう？

大切にしてくれない相手をカラダでつなぎ止めようとするのはやめて、貴女の心もカラダも愛してくれる「ど本命」を探しましょう。

もったいないよ！　そんな男に貴女を抱かせるほどの価値はありませんからね!!

そこんとこ、もっと高飛車にいきましょう！

RULE 24

貴女が困っているときに、彼の本音がわかる

男性って超単純で素直です。この素直さが私たち女性の理解の範疇《はんちゅう》を超えてしまうことがあります。そんな男心について解説してみましょう！

私たち女性の中には、こんな大前提が刷り込まれています。

恋人が困っていたら、手を差し伸べるべし。

一人暮らしの彼が病気で困っていたら、「何か買って行こうか？」と申し出ます。

一緒にいるときに彼の体調が悪そうだったら、「ムリしないで座ってて、何か私が代わりにしておくことある？」と気遣いますよね、トーゼン。

一方で**男性は、これらの気遣いを「ど本命」にしかしません。**「ど本命」が困っていたら、「**お〜っし！　俺様の出番だ！**」と言わんばかりに張り切ってアレ

コレ尽くしてくれます。しかし、「ど本命」ではなかったら、スルーしようとします。

理由？　そりゃ貴女、気遣いするのがめんどくさいからですよ。「別に俺様が尽くさなくても、この女は離れていかないだろうな」とタカをくくっているからですよ。

むしろ、貴女が困ってるそぶりを見せると、「チッ、めんどうなことになったぞ」とウザそうにしちゃうんですよ（真性おクズ様よね〜）。

だから、**貴女が大変なときこそルールの発動です！　両目を見開いて彼の行動＝本音を観察しなきゃイケマセン！　「彼だって忙しいし〜」なぁんて都合のいい解釈は禁止します！**

困ったときに見え隠れする彼の本音を見破って、貴女がこの先の人生をともにすべき相手なのかをしっかりと判断しましょう！

彼女が困ったときに彼の本音を見破るLOVEルール

【彼女から「39度の熱がある」と連絡がきた場合】

・「ど本命彼女」↓　即、薬局に寄って駆けつける。手を握っていてくれる。着替えを持ってきて汗を拭いてくれる（ありがたや〜。涙）。

・「とりあえずの彼女」↓　イヤイヤ来る。「俺も具合が悪い」と謎に張り合う（は？　ピンピンしてたのに？）。「うつすなよ！」とイヤそうな顔をする。「お大事にな！」とＬＩＮＥがきたあと音信不通（女遊び開始）。

【彼女の大切な人が亡くなった場合】

・「ど本命彼女」↓　抱きしめてくれる。静かに隣にいてくれる。話を聞いてくれる。お葬式などに付き添ってくれたり、近場で待っていたりしてくれる。

・「とりあえずの彼女」↓「人って儚《はかな》いよなぁ（トオイメ）」「今頃天国で笑ってるよ」と薄っぺらいことを言って話題を変える。お葬式にはもちろん来ない。来たとしても非常識なふるまいをする（スマホいじり倒し）。または、「落ち着いたら連絡して」と距離を取ろうとする。

【彼女が事故やトラブルに巻き込まれてしまった場合】

・「ど本命彼女」↓具体的な解決策を探してくれる。一緒に解決に向けて動いてくれる。交渉ごとなどでは矢面に立って彼女の盾《たて》になってくれる。

・「とりあえずの彼女」↓「オマエがウッカリしてるからだよ」と説教してくる。「俺も今いろいろ大変でさ！　落ち着いたら会おうぜ！」と距離を置いてくる。「で、示談金いくら入りそう？」などとデリカシーのないことを言う（たとえ示談金が入っても彼氏には関係ないっつうの）。

【彼女の仕事が超多忙でなかなか会えない場合】

・**「ど本命彼女」**↓彼女の職場の近くに差し入れ片手に5分だけでも顔を見に来る。会えそうなタイミングがあれば、先約をキャンセルして駆けつけてくれる。

・**「とりあえずの彼女」**↓浮気チャンスとばかりに羽ばたく。バレたときの言い訳は「オマエが最近かまってくれないからだよ！」

貴女が困ったときに、「この人が彼氏でいてくれてよかった」と感謝の気持ちが溢れてくるのが「ど本命」扱いしてくれる彼。

貴女を失望させるような追い討ちをカマし、傷口に塩を塗ったくり、「なんでこんなときさえ味方になってくれないの……」と泣きたくなるような奈落《ならく》の底に突き落としてくるのが「おクズ様」です。

ここでもっと耳寄りな情報をお伝えします。**貴女が困ったときに「おクズ様」からされた仕打ち。結婚すると、それが彼の通常スタンスになります。**

もう貴女の前で1ミリもいい人ぶる必要がなくなったと言わんばかりに、猫を完全に脱ぎ、365日「おクズ様」ど全開の「スーパーおクズ様」に進化するというワケです。

結婚前の段階だからこそ、相手の本音を見破らなきゃ、人生取り返しがつかないことになるのですよ！

今、交際しているその彼は大丈夫ですか？

Hしたいときだけ猫なで声を出してすり寄り、貴女が困っていたら、「**知らね！ 自己責任じゃね？**」。そんな顔をしていませんか？ その反応が彼の本音ですよ、絶対に目をそらさずに、両目かっぴらいて、しかと見ておくのです。

人生の困難をともに乗り越えてゆける「ど本命」探しに出る前に、「おクズ様」はお見切りしておきましょうね。

RULE

25

間違った対応で彼を「おクズ様」に転落させないこと！

皆様に衝撃の事実をお伝えします。

どんな男性でも「おクズ様」な要素を隠し持っているものなのです……。

そして、タテ社会で生きている男性というイキモノの性質上、「今現在、この女と俺様、どっちが上だ？」とわざと貴女を試すようなことをする場合があるのです（衝撃）。

貴女が対応を間違えてしまえば、彼は「おクズ様街道」まっしぐら！　貴女に雑な扱いをし出すことでしょう！

最初はラブラブだったのに、彼のワガママになんでも「いいよ」と調子を合わせてしまって「おクズ様」に転落させる女性が多すぎますよ！

せっかくつかんだ「ど本命」扱いしてくれる彼と幸せを育むには、彼が「おクズ様要素」をチラ見せしてきたときに、それに振り回されることなく、毅然《きぜん》とした対応をしなくては絶対にダメ！

男性がついチラ見せしてしまう「おクズ様要素」に毅然と対応するルールをお教えしますので、頭に入れておき、愛を守り抜いてくださいね！

「チラ見せおクズ様」に毅然と対応するLOVEルール

❶ 時間にルーズな男

30分～2時間くらい遅刻してくる。デートの時間を決めてくれない。「当日起きたら連絡する」とか「仕事終わったら連絡する」とかで、バッチリお化粧したまんま数時間待つことになる（LINEを100万回チェックしながら）。

【解決法】

「そうなんだ！　疲れてるならゆっくり寝たらいいよ！　他の日にしよ！」「忙しいなら無理しなくて大丈夫だよ！　また今度にしよ。お仕事頑張って」と**明るく伝えて会わない**。この対応をくり返していると、キチンと約束しないと会えない子なんだなと学ぶ（口で言うより効果的）。

❷約束をドタキャンする男

ギリギリでドタキャンしてくる。体調不良や仕事を言い訳にしてくるけれど、どうも腑《ふ》に落ちない（ウソ臭い）。休みの予定がつぶれてしまってガッカリ。

【解決法】

反省していそうな声色で「ごめん……どうしても行けなくて」と電話やメールで言われたら、どんな内容だろうと「わかった！　またね」と明るく終わらせて、しばらく連絡がつかないようにし、決して自分から都合を合わせない。

❸お金がないアピールをする男

「お金がないんだよなぁ」と言ってくる。「だから、今月節約デートしよう！」というニュアンスではなく、「奢《おご》ってくんね？」というニュアンスで。貴女とのデートにお金を使うのを露骨に惜しむ。

【解決法】

「わかった、無理してデートしたら大変だもんね！」と言ってデートを断る。間違っても「私が払うよ」なんて申し出ない！

❹今から会いに来いよ男

「今からどこどこに出て来い」「俺の家に来い」「タクシー代は出すから」などと言う。**男は会いたい女には自分から足を運ぶもの。**気軽に呼び出される時点で完全にナメています。

【解決法】

「明日早いからまたね」「予定入ってるからまたね」と断る。呼び出されてノコノコ出かけるほどヒマな女じゃないのよと教えてあげる。考えてみてほしい。美味しいレストランがデリバリーサービスをやってないからといって怒るでしょうか？　気にせず自分の足で予約を取って通うはず。**連絡一本でかけつけ、気安く扱われるデリバリー女になってはイケマセン！**

さらりと距離を置くのが「おクズ様」への治療法（ブスッ）

キャンキャンと口うるさくキレてみたり、「私への気持ちが冷めてきたの？」

とメソメソ責めたり、尽くすことで気を引こうとしたりすると、貴女から彼との距離を詰めていくことになります。

男性は、距離を詰められると、「めんどくせ」「重ッ」と感じ、さらに貴女から距離を取ろうとしてしまいます（本能）。

「あ、この男、私の優先順位思いっきり下げてきたぞ！」と感じるようなナメた扱いをされてしまったときは、キレたりせずに、さらりと距離を置くのが一番の治療法になります。

さらっとされた上に距離を取られると、「え？　俺に対して興味失せた？」「あれ？　他に好きな男できた？」「他の女みたいに言いなりになんねーな」と貴女へ意識がいき、狩猟本能のスイッチが入り、また追いたくなるのです!!

だから、「おクズ様」対応されても慌てたり振り回されたりすることなく、毅然かつ堂々とふるまえばいいだけなのです！

「メス力にしたがって、さらりと距離を置いたら逆ギレされました（涙）」

「そのまま音信不通になったんですが……」

とても残念なことですが、その彼は「おクズ様要素」をチラ見せしてきたのではなく、貴女に最初っから1ミリも惚れていないない正真正銘の「おクズ様」です。貴女がすがりつかないと続かない関係は、どうぞお見切りしてくださいませ。

私のこと大切にしない男なんて、こっちから願い下げですわ！

これくらい強気に思ってかまいません。

私もそうして「おクズ様」をせっせせっせとふるいにかけてきましたから。

治療法も効かない「おクズ様」をお見切りしたあとは、記憶から削除して涙は拭《ぬぐ》い、前進あるのみです。

RULE 26

浮気されても別れられないときは、自分の本心と向き合うこと！

「なるほど！　ナメた扱いには、メス力的にさらりと距離を置くのがルールか！　彼に浮気されたから、距離を置く治療してみよう！」

チガウヨ！　ゼンゼン、チガウヨ！

これ、メス力を間違って解釈する女性に多いのですが、浮気なんて裏切り行為をする「おクズ様」は、お見切りが大前提ですからね！

交際中の気のゆるみから「チラ見せおクズ様」が始まり、遅刻するようになった男性と、浮気という重大な裏切り行為をする男性、どう考えても同等じゃありませんよ！

絶対に許せないはずの裏切り行為をされたのに、なぜ彼をお見切りできないの

か？　自分でその理由がわからなきゃダメなんです！

でないと前に進むどころか、**「彼に浮気されて悲しい……でも取り戻したい！　でも許せない！　でも好き〜（泣）」**と堂々めぐりしてお見切りできず、「おクズ様」にすがりつく結果になってしまいます！

「浮気された自分の本心と向き合うＬＯＶＥルール」を解説していきます。

何よりもまず、自分の感情を整理していきましょう！

浮気された自分の本心と向き合うＬＯＶＥルール

❶「彼のことがまだ好きだから」

そりゃそうですよ。浮気されたと知ってスーッと気持ちが冷めるタイプの人ばかりではありません。好きという気持ちもあるでしょうし、思い入れもあるでしょう。

❷「相手の女に負けたくない」

「自分こそが本命なんだと思い知らせてやりたい！」「SNSで探偵して相手の女を突き止めるぞ」と対抗意識に燃えるパターン。もはや彼への愛ではなく女の意地では？　プライドや意地の使いどころを間違えてますよ。

❸「もう結婚決まってるし……」

婚約中に浮気が発覚して「あとに引けない」と思い込むパターン。これは、もはやご先祖様から「こやつと結婚したら苦労するぞ！」と教えてもらったと思ったほうがヨシ。断言します。入籍しても3年以内に離婚しますよ！

❹「もう年齢的にあとがないし……」

アラサー以降に多い思い込みパターン。言っておきますけど、あとはありますから！

❺「浮気グセ以外は問題なくて」

浮気グセ以外は問題ないと目をつぶって結婚（ハイスペ男が相手の場合に多し）。妊娠中も出産後も、度重なる浮気に頭を抱えることになり、最終的に夫が外に本命を見つけて離婚に至るケース多発。

❻「悔しい！　惚れ直させて私から捨てたい！」

プライドが傷つき、復讐心がメラメラ。**もう一度ゾッコンにさせてやるッ！**　と付き合い続けて人生という貴重な時間と若さを1年2年と失っていく……。

彼の浮気が発覚して、「オマエが最近冷たいから」だのなんだの言って、男泣きしてすがりついてきても、逆ギレカマして謎に貴女が悪者にされても、その本心は**「他の女とHしたかったのだぴょ〜ん♡」「泣けば許してくれるチョロい女っしょ？（笑）」**

こんなものなのですよ!!

だから、浮気は一度とて絶対に許してはいけません!!

そもそも許したフリをしたところで、貴女はその事実を忘れられないでしょう。彼と相手の女性とのＬＩＮＥのやりとりが、アタマから離れないでしょう。彼のついた嘘や「あれ？」と違和感があったことに、どんどんつじつまが合ってきて、裏切られた事実の大きさや、信じていた自分のノー天気さがミジメで仕方ないでしょう。

彼とキスしたとき、抱かれたとき、「あの女にもこんなことを……この手で……」と嫉妬に狂いそうになるでしょう。

彼がまた浮気しやしないか？ 四六時中考えて何も手につかないでしょう。

許せないんですよ、浮気なんて。どうしたって忘れられないものなんですよ。側にいるだけ、どんどん自分の心がむしばまれていくもの。しかも、男性は許してくれた相手をナメてかかってきて、同じことをくり返すんですよ。そのときに、貴女の心はさらに深く傷つくことになるのです。

「おクズ様」にすがってしまう理由が自分でわかれば、お見切りする覚悟はつきやすいですからね。

最後に、泣いて叫んで思いをぶつけて、無様《ぶざま》な姿をさらけ出してもいい。

でも、**貴女自身のために、その「おクズ様」からは必ず離れなさい！**

もういいの。それ以上傷つかなくていいの。貴女は貴女の心を保護しなきゃいけないのですから。

目ん玉腐るほどいっぱい泣いて、落ちて苦しんで悪夢にうなされて……。それでも必ず立ち直れる日がきますからね。どうかそれだけを信じて、今日という1日を生き延びて。

浮気されたら、即お見切りを！

この誇り高き「ＬＯＶＥルール」が貴女の心の盾になって守ってくれます。

CHAPTER

5

「ど本命クラッシャー」にならないLOVEルール

RULE

27

「ケンカするほど仲がいい」にだまされないこと！

「ケンカするほど仲がいい」。この言葉、本当に罪作りだなぁ～と思います。

男性がせっかく「ど本命」として最大限大切に扱っているのに、その思いを踏みにじってしまう「ど本命クラッシャー」な女性の多いこと！

これでは「ど本命」になれたとしても、結局愛を逃してしまうの！

ケンカをくり返す「ど本命クラッシャー」は、何がなんでも卒業しなくてはイケマセン！　他のメス力が高くても「ケンカをしない」というルールが守れなきゃ、まったく意味がないのですよ。「めんどくせ～」と「ど本命」扱いしてくれる彼が尻尾巻いて逃げていきますからね！

今回は「ど本命クラッシャー」がケンカになる構造とその対処法も交えてお伝えしていきます！　恋を壊さないために厳守してくださいませ。

大前提。ほとんどの女性が心の奥に「彼に見捨てられたら、どうしよう」という不安を抱えています。

PMSのときや、彼の何気ない態度に「ヒドイ」と勝手に被害妄想してしまったとき、その不安が爆発し、相手に感情をぶつけてケンカになってしまうのです。爆発の仕方は人それぞれ、貴女が当てはまる「ど本命クラッシャー」はどちらでしょう。自分のタイプを理解して、対処法を身につけてくださいね。

無駄なケンカをさけるLOVEルール

❶「ヒスるど本命クラッシャー」タイプ

不安が膨らんだときに、ヒステリックに相手にケンカを吹っかけてしまう（ほぼ言いがかり）。口が達者で、言葉巧みに相手を責め立て、自分がスッキリするまで暴言を吐き続ける。キメ台詞は、「なんとか言ったらどうなの？」

【対処法】

ヒスるタイプに必要なのは「スルー力《りょく》」です。このタイプは、頭の回転が速い人に多いので、彼の発言にイラッとしても「男って意味不明なこと言うよね～（笑）」と心の中でスルーしたり、冗談で切り返したりしてガス抜きしましょう。

付き合いたての頃、頭のいい貴女のそういう切り返しを、彼は楽しんでいませんでしたか？

❷「尽くすど本命クラッシャー」タイプ

彼の顔色をオドオドうかがいながら、「……最近、忙しそうだね……」とどんよりした空気を醸《かも》し出したり、突然「なんでもないの」と泣いたりして、〝私は被害者ですよ感〟を出すことで相手を責める。何か聞きたそうで聞けない素ぶりをし、男性を「なんなんだよ!」とイライラさせてしまう。

【対処法】

そもそも貴女は、そんなに尽くす必要もキョドる必要もないと、本書を読めばわかってくるはずです。尽くすタイプに必要なのは「楽観力」です。

ジメッと湿っぽい空気になりがちの貴女は、男性から重いと思われてしまいます。気になったことは、さらっと「あ、そういえばあれってどうなったの?」と軽い空気で切り出すことを意識してみましょう。貴女が気に病んでウジウジしていることのほとんどが、気にしすぎなんです(被害妄想禁止)。

自分の「ど本命クラッシャー」タイプを理解したら、次に、ケンカをしないためのルールを頭に入れて日々気をつけましょう。

③大前提。八つ当たりはしないこと！（メス力ど底辺行為ですよ）

職場の人間関係でイライラしたり（マジであのお局、絶対ワザとなんだけどッ）、買ったばかりのアイシャドウを落として粉々にしてイラついたり（ぐぉっ！　Ｄｉｏｒの限定パレットが……！）、彼に直接関係ないことでイライラしているのに、言葉尻が荒くなって、八つ当たりしてしまうことがあると思います。

にんげんですもの。そういうときがあるのはわかる。でもね、それはいらない甘えなんです。一番大切にしなきゃいけない人なのに、甘えの気持ちから感情をぶつけるのはやめましょう！　くり返していると、彼の愛の炎が鎮火していきますよ（貴女の本望ですかソレ？）。

「八つ当たりはメス力的に論外なので、「しない」と決めることです（職場でもいるじゃない？　八つ当たり上司。本気でウザいでしょ？あれと同じことしてるのよ）。

❹ 感情のコントロールが難しい時期なら、彼にあらかじめ伝えておくこと

「仕事のことでアタマがいっぱいで、余裕ないけど○○君のせいとかじゃないからね」

「PMSでイライラしがちな時期なんだ〜」

抱きつきながらかわいい声で言うと、なおよろしい（こういうちょっとしたことが女のかわいげ、武器なんです）。

男性がイラッとするポイントを抑えよう

男性とケンカが勃発《ぼっぱつ》するとき、女性が男心の地雷を踏んでしまっていることが

多々あります！
男心の地雷がどこに埋まっているか知っておき、うっかり踏まないようにするのも、ケンカをしない大切なメス力です（彼がキレッぽいのじゃなく、貴女が地雷の上でタップダンスしてるのかも？）。

男性がイラッとする女性の行動

❶仕事について聞いてもいないのにアドバイスする女（は？　バカにすんなよ！）
❷生活習慣を変えようとして口出ししてくる女（うぜ〜母ちゃんみて〜）
❸友達に会うなと言う女（は？　男の友情邪魔するなんてありえん）
❹趣味をやめろと言う女（うわっ、結婚したら自由ゼロになりそ〜、ム

リムリ）

❺ プレゼントにケチつける女（もうあげないもんね〜）

❻ 間違いを上から目線で指摘する女（イライラ……）

❼ 家族や友人の文句を言ってくる女（俺の仲間をケナす女は敵だ）

❽ 年収・身長・学歴など男性のコンプ部分をいじる女（……殺意）

❾ 他の男を褒める女（……ケッ！　そいつに行けば？）

❿「でもさ〜」と俺様の話を否定してくる女（かわいげなし！）

男性は、プライドを傷つけられたり、束縛されたりすると、イラついたり、素っ気なくなったりします。その様子を見て貴女の不安は加速し、「ど本命クラッシャー」をやらかしてケンカに発展します。

たとえば、「なんでまた友達と会うの？　悪いけどあの友達はどうかと思う」や「メリ子んち、○○に新居構えるんだって！　いいな〜メリ子の旦那さんの会社に転職したら⁉」これらは、何気なく女性が口にしがちな内容ですが、男性のプライドを傷つけた上に、自分好みにしようと束縛している内容なので、最悪なのですよね～。

会っているとき、彼が優しくて、愛情を感じるのであれば、いちいち細かいことに口出しして相手のプライドを逆なでしたり、行動を自分好みに変えようと束縛したりしないことです。

どっしり構えて余計なことを言わない。

このルールを意識するだけでケンカが激減するはず（太鼓判）。

「ど本命クラッシャー」でプライドが傷つけられた男性は、何気にそのことを根に持ち、優しさが消えていきますよ。

ガタガタウジウジせず、自分の要望を伝える方法は、次のページにて♡

RULE

28

ケンカで意地を張る女が「おクズ様」を作る！

意地っ張り女様、このページにようこそ！

ここでは、貴女に喝を入れたいと思います。前の項目では、「そもそも彼氏とケンカするなよ〜！」と書いてきましたが、今回は、**万が一ケンカをしてしまったときに、キチンと謝るためのコツ**をルールとして書いていきます。

彼とケンカして、「あちゃ〜！　彼を傷つけたな〜、ひとこと余計だったわ……」って内心反省することってありますよね。

そんなときは、「**私からは折れないぞ！**」というプライドや「**私だって傷ついてるもん！　悪くないもん！**」みたいな被害者意識はとっととと捨てなきゃイケマセン！　意地を張って時間が経つだけ、二人の絆はグラグラになってしまうのですよ（他の女につけいらせる隙になるで〜）。

ケンカになりそう、またはケンカになってしまったら、すみやかに次のルールを実行してください！

意地を張らずにケンカをやめるLOVEルール

❶ なるべく早く素直に「ゴメンね」と謝ること！

❷「さっきはカッとなって○○とか言って、傷つけてしまって本当にごめんね」など、何について「ゴメンね」と言っているのかを具体的に伝えること！

❸ ケンカは、その日のうちにおしまいにすること！

❹ イライラしたら一人になって心を静めること！（マイナスなことを考えない）

❺彼の「ゴメンね」はハグで受け入れること！

素直に「ゴメンね」することが、二人の関係を円満に導く上で何よりも大切になってきます。

もし八つ当たりしてしまったとしたら、「さっきはゴメンね。仕事のことで今いっぱいいっぱいで……八つ当たりしてしまったの」と、八つ当たりだと告白してゴメンねをしましょう。

意地っ張りな女が彼の「おクズ様スイッチ」を押す

女性が日頃からこういう素直な気持ちを忘れないでいると、不思議と男性もどんどん似てきます。

男性は、とっても単純なイキモノです。貴女のふるまいを映す鏡です。

逆に、貴女が意地を張ってツンとした空気を出し続けたり、「アンタだって悪いじゃん！」と声を荒らげてヒスったり、彼が歩み寄ってきてるのに突き放したり（どれもこれもあるある）。

そんな貴女の姿を見続けていると、彼はこう思います。

かわいくね〜な〜。

は？　めんどくせ！　もういいわ！

明らかに八つ当たりじゃん？　なにこの女。

癒やされてぇー！

そうして貴女への愛情の熱量は下がって態度が冷たくなり、連絡頻度が減ってしまうのです（涙）。

最終的には、貴女と同じように意地っ張りになって、ゴメンの言えない「おクズ様」にスクスクと成長してしまうでしょう……。これは、貴女が意地っ張りになった結果ですよ。

意地っ張りは直せます。

私自身、極度の意地っ張り&めんどくさい女でしたが直しました。

「彼とのケンカで負けたくない」という超絶どうでもいいプライドを捨てたら、愛が手に入ると気がついたからです（現金な理由。笑）。

もしも、「言いすぎたな」「八つ当たりしたかもしれないな」「今の態度は感じ悪かったたな」と思ったら、その瞬間にゴメンねする「ゴメンねルール」を徹底していきましょ！

意地っ張り女はかわいくありません！

意地張ってるときのその顔は「おブス」です！

素直さのある自分に生まれ変わって、死ぬまで使える武器「かわいげ」を身につけましょうね。

男と女、負けるが勝ちですよ♡

RULE

29

男心も女心も満たせる最強の甘え上手な女になる！

メス力的ケンカの対処法を知って、「てことは、恋愛してるとき、相手にお願いごとも不満も、伝えることができないってこと？」、そう感じた貴女、それは違いますよ。

男性にうまく希望や不満を伝えるにはコツがあります。それは、**甘えながらお願いをすること。**自立した女性ほど苦手なアレですよ（笑）。

たとえば、貴女が「最近、彼とのデートがマンネリだなぁ……」と感じたとしましょう。甘え下手な女性は、こう言います。

「てかさ、最近同じデートばっかりじゃない？」

これでは、男性はチクッと責められてると感じてしまうからダメなんです！

仮に、彼が違うデートプランを提案してくれたとしても、それは義務感からです！　貴女の女心は、義務感なんかじゃ満たされないでしょう？（だいたい義務感からの行動は長続きしませんしね）

しかも、じつは男性は「○○してほしい」とかわいく甘えられて、それを叶えてあげたとき、男心が満たされます！　だから、嫌みっぽく言ったりしては、もったいないの！

「お願いごとや不満をかわいく伝えるＬＯＶＥルール」を身につけて、お互いの心を満たせる女になりましょう！（大人のかわいげ必勝法でもありまっせ♡）

お願いごとや不満をかわいく伝えるLOVEルール

❶お願いごとは、明るくシンプルに伝えること！（できればかわいい声で♡）

❷男性は、察することがニガテ！（具体的に要求すること）
❸叶えてくれたらたくさん喜ぶこと！　褒めること！（照れてる場合じゃありません）

●甘え上手の実践例①「明るくシンプルに」

甘え上手な女性が「最近デートがマンネリしてるな」と思ったらこう言います。

「ね～水族館行きた～い♡」

明るくシンプルに希望を伝える……いつもよりかわいい声で。

これ、これだけでいいんです。彼に嫌みをチクッと言ったり、正論で説き伏せたりしようとする必要なんて、１ミリもないんですよ！

お願いしたいことは、タイミングを見てかわいく伝えてみる。彼が「いいよ」と言ってくれたら、「嬉しい♡」とニコッとする。

たったこれだけのことで貴女の希望は叶えてもらえて、彼も**「俺って彼女を大切にできるスゲ～いいヤツじゃん！」**と気持ちが満たされることになる、円満ループが完成します。

こんなに単純なことなのに、甘えることが苦手な女性が多すぎるのですよね。

きっとその根底には、**「自分からお願いしなくても彼に察してほしい」という間違った意味での甘えの気持ちがあるから。**通称「察してちゃん」ですね。

男性に女心を察する能力はありません！　言われないとわかりません‼

貴女が「察してちゃん」をしているうちは、**「ホント気の利かない男だわっ！」**とイライラすることになりますよ。そして、勝手に彼にガッカリして、嫌みったらしいことを言ってケンカになってしまうでしょう。

●甘え上手の実践例②「具体的にお願いする」

さっきも「どこか連れて行って～」と漠然とした希望じゃなく、「水族館」という具体的なワードが出ましたよね？　**察する能力のない男性には、「具体的」**

に言うのも大切なポイントです（具体的じゃないと家電量販店に連れて行かれる可能性アリ）。

たとえば、一人暮らしの貴女が風邪で寝込んでしまって、彼に「仕事が終わったら何か買ってきてほしいの」とお願いしたとしましょう。

貴女はコンビニの袋を開けてびっくり！「カッカッカツ丼買ってきたの!?」

ふつう体調悪いとき重い物食べられなくね？　いちいち言わないとわからないわけ!?

貴女はそう心底ガッカリするでしょうが、言わなきゃわからないのです、男性には。むしろ、カツ丼食べて精をつけてほしいと善意でやってますから（笑）。

この場合なら、「あのね。熱が出てのどがすごく痛いの。のどが痛くても食べられそうな、チンするおかゆとポカリ買ってきてもらってもいい？　冷えピタも欲しい」と具体的にお願いするのがベストです。

ちなみに、３つ以上のものを頼むと一つ忘れるという男の謎の法則があります。

少数に絞ってお願いしましょう。そして、忘れたとしても責めてはイケマセン(笑)。

●甘え上手の実践例③「叶えてくれたらたくさん喜ぶこと！ 褒めること！」

買ってきてくれたらチンをお願いし、おかゆを食べたら横になって、「手つないでて？ 落ち着くから」と手をつないでもらい甘えて、「頼れる彼がいて助かった」と褒めてあげましょう。「この子は、俺がいないとダメだな」と守ってあげたい気持ちがじんわり湧いてきます。そして後日、「あのときは嬉しかったなあ♡」と喜ぶ顔をもうひと押ししましょう！(このひと手間ですよ、皆様！)

また貴女が体調不良になったとき、同じようにしてくれるハズです。

「二人の間の約束」という名の義務や「ふつうのカップルはこうなんだよ！」的なお説教や正論を100回振りかざしたところで、男性は天才的スルー力を発揮しちゃうんです。

男性は、約束に義務感という息苦しさを感じます。「感謝される」というエサがないと、男性は行動しないのです（約束になると、守ってくれたことへの感謝をしない女性多し）。

そして、正論女には教育ママや、仕切り屋の学級委員長みたいなウザさを感じます。「うるせ〜かわいくね〜現実逃避して〜」と思ってしまうのですよ。本当に損しかありません！

希望を叶えてもらうには、「甘えて↓お願いして↓褒める」の3点セット。「頼りにされてる俺様」という男性の自尊心（男心）を満たす行動をくり返すことで、貴女の扱い方を学んでいくのですよ〜。

甘え上手な「メス力」は、交際中に絶対に身につけておくべき必須科目です。結婚して、家事育児の分担にアタマを悩ますことがなくなりますからね。

家事育児に協力的な夫は探し出すものではなく、貴女の甘え上手なふるまいが作り出すものです。さぁ照れずに「お願い♡」しましょう！

RULE

30

愛され続けたいなら記念日のルールを守ること！

恋する乙女が大好きな記念日！

これには、貴女が「ど本命」から脱落する落とし穴がい～っぱい！

女性は彼氏ができると、なぜ舞い上がって〝記念日命〟になってしまうのでしょう？　「ど本命」として追われ続ける関係が欲しいのなら、記念日命の女を卒業しなくてはイケマセン！

まずは、特に女性が気合を入れがちな「彼の誕生日」について、LOVEルールを解説していきますよ！　必ず実践してみてくださいね！

彼の誕生日を祝うLOVEルール〈おクズ様編〉

もう別れたほうがいいかもと迷ってる彼、おクズ様、付き合っていない男性（いい感じでも、片想いでも）、セフレなど、貴女を「ど本命」と胸を張って言えない相手の誕生日については、**ズバリ、何もしなくていいでしょう！**

お見切りしようか迷っているおクズ様だということは、貴女のことを大切にしていない男性ってことですよね？

ビタ一文あげる必要ないです。あげたら、ますますつけ上がらせて大切にされないだけですよ？

彼氏でもない人にモノをあげて、**あわよくば付き合えないかな？** なんて媚びないでください！　モノで男を釣るな！　魅力で釣れ！　です。

相手の誕生日をスルーすることで得られる効果

・「アレ……こいつ俺様にベタ惚れちゃうんかったの？」と焦らせることができる。
・「は？　俺様の誕生日スルーとは何事ぞ」とキレられることで本性を暴ける。

最後の大逆転チャンスかもしれませんし、本気でお見切りするきっかけになるかもしれません。
ちなみに、高額のものをねだってくる男性は、貴女を「Hもできるお財布」だと思っていますので、おねだりされてもスルーしてください！
自分の将来の幸せのために、**「自分を『ど本命』扱いしてくれる男以外の誕生日はスルー」**を徹底してください！

貴女のことを何よりも大切にしてくれて、いつも尽くしてくれ、「ど本命」扱いしてくれる彼の誕生日も要注意です。やりすぎてしまって、彼に引かれる女性の多いこと！

彼の誕生日を祝うLOVEルール〈「ど本命」扱いしてくれる彼編〉

❶ 彼がしてくれている以上の祝い方をしないこと

彼が貴女を連れて行ってくれるお店よりも高級なお店、高いコースは控えましょう！

❷プレゼントも高級なものはNG

ブランド品などのプレゼントはやりすぎです。仕事や趣味で使うものにしましょう。

❸カップル感満載なプレゼントやラブラブメッセージはNG

女の子がやりがちなコレ（笑）。愛の言葉をしたためたお手紙や二人の写真をアルバムにしたり、ペアのアイテムをプレゼントしたりなど、大好き感溢れるものは禁止!!

❹外食（二人分）とプレゼントを合わせて1万5000～3万円くらいでおさめよう

もちろん収入にもよるのですが、一般的な収入のカップルなら、これくらいを目安にしましょう！　メス力では、手料理をふるまって男性に尽くすことは禁止ですから、記念日だけ解禁してみるのもいいでしょう（泣いて喜びますよ）。

彼の誕生日の裏技

貴女が彼からめちゃくちゃ追われている立場で、付き合うのを焦らしていたり、まだHしたりしていない関係なら、**誕生日は忘れているフリをしましょう。**そして、デートの帰り際、そっと指を握って「誕生日おめでとう」と静か～に微笑むのです（色っぽい）。

彼は「**覚えていてくれたんかい！**」という喜びと同時に興奮が止まらないでしょう（笑）。そのままホテルになだれ込まずに、帰宅しましょう。貴女への思いを自宅で反芻《はんすう》しまくるでしょうね～～～～（大昇天）。

追わせて焦らして、誕生日なんて忘れたフリしておいて、色っぽく押す！

ただプレゼントするよりも、アタマを使って男性の意表を突くプレゼントをおカマし遊ばせ♡

男性は、女性が思うほど、記念日や誕生日、バレンタインに執着していません。執着しているのは、彼にもっと愛されたいと願っている貴女のほうなのです。

ハッキリ言って、バレンタインは結婚してからでいいくらいです。あげるなら「ど本命」扱いしてくれる彼に限り、1000円以下のチョコでお願いします！（GODIVAの一番安いチョコが男性も知ってるしオススメ！）

再度書きます。モノで男心は釣れません。魅力に釣られて貴女を追いたくなるのです。

彼にとって貴女が「ど本命」であることがプレゼントだと、肝に銘《めい》じましょう!!

彼に誕生日を忘れられていたら、「ひど～～～～い！」とぷりぷり怒りましょう（バチギレはあきません）。きっと彼は慌てふためいて「ゴメン」をくり返すはず。

そのとき、次のルールを実行しましょう。

番外編　彼に誕生日を忘れられていたときのLOVEルール

❶ 彼の予算（想像）より高めのリクエストをしましょう！

「え？　じゃあ、○○欲しいな～（チラ）」

「○○連れて行ってくれたら許してあげる！（高めのディナー）」

❷ 希望を叶えてくれたらちょっと大げさに喜びましょう！

「わ！　やっぱりコレお願いしてよかったー♡　似合ってる？」

「すごく美味し～！　逆に、忘れててくれてラッキーだったかな？（笑）」

❸ グチグチ言わず嬉しそうに過ごす

「来年忘れたら許さないからね！」「あ、でもまたおねだりチャンスになるかな？（笑）」と冗談を言いつつニコニコ過ごしましょう。
彼は「あぶなかった〜」と内心ヒヤヒヤしつつも、嬉しそうな貴女の顔を見て、「かわいいな」「悪かったな……」と反省することでしょう。

貴女のとびっきりの笑顔が見たくて、来年は張り切ってくれるかもしれません♡

「誕生日を忘れるなんて！　愛してないんでしょぉぉぉ」なんて取り乱したりせず、ピンチをチャンスにして、したたかにいきましょうね♪

CHAPTER

6

男心を理解して、いい男に育てるLOVEルール

RULE

31

男心をつかむには、褒め上手な女になること

「LOVEルール」では男性と円満な関係を育むために、「男性を立てよ！」「笑顔で感謝せよ！」「男性には信頼感を示すべし！」「聞き上手&褒め上手になるべし！」と提唱しています。

ここだけ読むと、**「は？　令和のこの時代に男尊女卑か？（ポカ〜ン）」**と勘違いしてしまう方もいらっしゃると思うのですが、**違うんです。**

突然ですが、こんな言葉を知っていますか？

やってみせ、言って聞かせて、させてみせ、褒めてやらねば、人は動かじ
話し合い、耳を傾け、承認し、任せてやらねば、人は育たず
やっている、姿を感謝で見守って、信頼せねば、人は実らず

「褒める・聞く・任せる・感謝する・信頼する」

まさにメス力で提唱してることそのまんまなのですが、太平洋戦争のときの、連合艦隊司令長官山本五十六《いそろく》の名言なんです。どこも男尊女卑じゃないでしょ？

男性同士の関係でも、こういったルールが必要ということ。

なおのこと、異性である私たちは、男性とうまく付き合っていく上で、鉄則や法則を身につけておかなくてはダメなのです！

男心をつかむ第一歩は「褒める」。

この初歩的なルールを紹介していきますので、彼のことが好きならば、照れずに即実践するべし!!

男は女の100倍認められることに飢えている

私たち女性は、DNAレベルで「**好きな人に愛されたい！**」と刻み込まれています。彼に愛されていないと感じれば心が傷つき、愛されると満たされます♡

男性は、同じように「好きな人に（ていうか本音は世界レベルで）認められたい！」と刻み込まれています。でも、実際に男性が社会で認められて成功する確率なんて0・1%以下。そうすると、せめて好きな女にくらいは認められたいと渇望《かつぼう》するんですよね。

何が言いたいかというと、私たち女性が男性を満たしてあげる一番の方法は、褒めて認めてあげることなのです！

男心を満たす褒め上手な女のLOVEルール

❶何かにつけて彼に「スゴイ！」と言ってあげましょう（つねに褒めポイントを見つける）。

❷「いつもありがとう」と微笑んであげましょう（「ありがとう」は男心が潤う）。

❸束縛するより「信頼してるから」と余裕を見せましょう（信頼感が責任感を生む）。

❹彼の話を真剣に聞いてあげましょう（男は自分の話を聞いてくれる人が好き）。

貴女が褒めて認めてあげることによって、彼の心は、男らしく誇らしい気分になります。まるで、貴女が彼から「愛してるよ」ときつく抱きしめられて胸が熱くなるのと同じように……。

それでも「私だって褒められたいのに！」と思ってしまう貴女へ。褒め上手な女になる「メス力」がなぜ必要なのか？　女性向けに翻訳してみましょう。

●彼の仕事っぷりを「スゴイね！　最近頑張ってるね」と褒めるとよい理由

たとえ彼が貴女の尊敬する成功者より仕事ができなくても、褒めてあげてください。

このとき彼は、「最近かわいくなったよな～」と貴女が目を細めながら言われたときのような嬉しさを感じます。貴女だって世界一の美女ではないでしょう？自分やまわりのできる男性と比べずに、彼だけを見て褒めてあげましょう。

男性を褒めることに抵抗のある女性は、レベルの高い人間と彼を比較しすぎなのです！

（一般的に男性は、パートナーから自分の有能さを認めてほしくて、女性は愛おしさを感じてほしいものです。「有能＝愛おしさ」、この変換をうまくできるようになりましょう）

●「なんでそんなに効率悪いの？　ほら貸してみ！」というダメ出しがNGな理由

ダメ出しをされて彼が受けるショックは、貴女が「メリ子ってなんか一人でも生きていけそうだね」と突き放されるのと同じくらいの衝撃です。

仕事で有能な女性ほど、男性にダメ出ししがちですが、仕事で有能、かつプライベートでも愛されてる女性は、彼にダメ出しをしません！「あら？　ありがとう♡」とだけ言えるのです。


女性にとって、好きな人から見た目を褒められたり、「俺に甘えていいよ」と受け入れてもらえたりすることは、安らぎであり、愛情を感じます。

同じように、**男性にとって「貴女に認められること＝愛」なのです。**

だから、男性への正しい愛情表現をするために、褒め上手な女になる「メス力」をマスターしなきゃ、関係がうまくいくワケないのですよ！


彼はこう思うでしょう、「**この女を手放してはアカン**」と。

惹きつけておくために、貴女が楽できるように尽くしてくれたり、愛情を惜しみなく与えてくれたりするでしょう。

貴女だって、彼から愛されたら、相手を幸せにしたい気持ちで胸がいっぱいになるのではありませんか？　それと同じことですよ。

褒めることは媚びじゃない！　メス力はお互いが満たされるための力

このルールに気がついてしまえば、「なんで男ばっかり！　私だって褒めてほしい！」とピリピリすることがなくなります。だって、貴女はもう褒められなくても、それ以上に愛情を注がれ、尽くされて、満たされちゃうんですから！

再度言いたい。

女性が男性を褒めて認めることは、彼が貴女を愛するように導く裏技。

その行動一つで、**男性も幸せにできちゃうのです**（だから、**この本は彼に見つからないところに隠しておいてね♡**）。

「メス力」、やるもやらないも自由。

いや、コストはかからないのだから、どうせなら実践してみましょう!!

RULE

32 「尊敬できる男」という幻想を捨てること

美人で賢く仕事ができる独身女性のキメ台詞。

「自分より仕事できてさ〜、尊敬できる人がいいんだよね〜！」

出ました「尊敬できる人幻想」。

ハッキリ言います。

独身で尊敬できる男なんて、そのへんに転がっているわけがありません！

その「幻想の男」を追い求めてるうちは、いつまでたっても幸せに辿りつけないのです！

だから、今すぐにや・め・る・こと（喝）。

仕事ができてよく気がきく貴女は、気がつけば男性の粗探《あら》しをしていないでしょうか？

どんなにステキな男性とめぐり逢っても、幼稚な部分や気が利かない部分を目ざとく見つけては、「でも、あの人こーゆーところあるんだよねぇ」と女子会のサカナにしているのではないでしょうか??

尊敬できる男の真実をお教えします。

尊敬できる男と付き合ってる女性は、自分で尊敬できる男を作り出してるのですよ！

イマイチ意味がわからない貴女！

尊敬できる男性を作り出すためのルールをしっかりお伝えしていくので、しのごの言わずに今日から身の回りの男性にコレを実施してください！

尊敬できる男性を作り出すLOVEルール

❶肉体を褒める

力仕事をしてくれたあと（お願いしてみよう）、「力持ちだよね～」「やっぱ筋肉が違うわ」と言いながら二の腕をパンパンします。すると、「せやろ～俺様男らしぃやろ～」と自尊心がムクムク。

逆に「華奢《きゃしゃ》だよね～」などはNGワード。何気にコンプレックスに思ってる男性は多いです。

❷賢さを褒める

特に数字関係は男性のエリアと心得ておいて間違いナシ。会話の中で「話してると勉強になる☆」などと言うこと。

あとは、家電やメカに詳しい男性なら、その知識やうんちくを披露させてあげましょう。男性は誰しも有能と思われたいものなのです（私たちが好きな人から愛おしいと思われたいように……)。

❸気遣いを褒める

仕事中、スッと差し入れをしてくれたり、彼が貴女のすべきことを先回りしてすましてくれたりしていて、ぶっきらぼうに「あ、やっといた」と報告してくることはありませんか? 男心に住む5歳児が「褒めて～」と叫んでいる瞬間です。「え、気がきくね! 助かる」とニッコリ微笑みましょう(たとえしてくれたことが微妙にピントズレしていても!)。俺様はぶっきらぼうに「あぁ」とか言いながら、内心「やったー」とルンルンです(かわいい♡)。

❹意見を褒める

彼と意見が食い違ったとき、ピリピリせずに冗談ぽく反論してみましょう。「え～本気でそれ言ってるの～♡」「出た～○○君の俺様節(笑)」など。

その上で「でも、○○君の意見は私と視点が違って面白いんだよね

〜」と感心してみせましょう。彼は大満足します。結果として、貴女が得するほうに動いてくれるハズです（賢い女性は、こうやって負けるが勝ちをしています）。

❺仕事を褒める

男性にとって仕事って命です。私たち女性とは視点が違うので、有能な貴女からすると「もっとこうしたら効率いいのに〜」と感じることもあるでしょうが、「仕事いつも頑張ってるよね」とひとこと声をかけてあげましょう。女性が「いつもキレイだよね」と言われるのと同じくらい嬉しいもの。

この5ヶ条をくり返し展開していくと、男性は自信がついて、男らしく頼りになって尊敬されるタイプにメキメキ成長していきます。

貴女が褒めることで、男らしさを磨くんですよ!!

だいたい「尊敬できる人がいい」と言う女性って、男性に幻想を持ちすぎです。男性はいくつになっても、幼稚で、自己中で、スケベな5歳児。

この現実を受け入れないと、男性と付き合っても「男なんてさぁ」なぁんて見下してしまうでしょう？　5歳児が一生懸命に、男らしくふるまってる姿を愛おしく感じる余裕なんてないでしょう？

たしかに世の中には、尊敬に値する男性っていますよ？　でも、そういう男性って、幼少期から一目置かれている「先天性のスゴイ奴」。20代中盤には、とっとと結婚しています。

または、彼女や奥様が尊敬上手なメス力の高い、いわゆる「あげまん」。この2パターンしかないんです。

だから、**貴女が「尊敬できる人がいいな～」と言っているうちは、5歳児君たちの男らしさを引き出すことなんて一生できません！**　幼稚で、ワガママで、出会い系で女漁りしてる「おクズ様」のまんま！（ひどい言い草）

尊敬できる人を求めているのなら、まず貴女が尊敬上手な女に生まれ変わりましょう。

男をバカにしてると、もったいないぜ。

接し方一つで、貴女にかいがいしく尽くしてくれる健気なイキモノなんですから♡

あと、もう一つだけ！

貴女のような有能な女性には、理解のあるフリした既婚男性が寄ってきがちです！

「ホントは大変なんだろ？　無理するなよ」なぁんて、貴女の背負ってる責任に寄り添うフリして腰を振りたいだけの「既婚おクズ様」は、お見切りでよろしくお願いします（ぺこり）。

RULE

33

意見が違ったときほど貴女の魅力を伝えるチャンス

彼と意見が違ったときは、女の度量が試されるとき。
その昔、当時の彼とこんな言い合いになったことがありました（以下回想）。
男「きりたんぽって名古屋の名産あんじゃん」
私「いやいやいや……、あれは秋田の名産だよ」
男「いやいや（笑）。あれは名古屋だって！　味噌つけて食べんの（笑）」
半笑いの元カレの言い草になぜかカチンときた私は、強い口調で反論開始。
私「秋田だって！　そんなことも知らないの⁉（PCで検索）ホラッ‼」
男「……へ～（しらけた顔）」
私「ていうか、絶対私が間違ってることにするよね‼　だいたいさ、こないだだって……」

今、振り返ってあの頃の自分に言いたい。

ほんの些細な意見の違いや、彼の勘違いを許せず、「**私は間違ってないの！**」とキリキリして反論し、訂正しようとしていた貴女。メス力ど底辺の「ど本命クラッシャー」でしたね〜〜。ははっ、ムキな女って見苦しいナリね〜（思い出して変な汗が……）。

付き合っていれば、そりゃ意見の違いってありますよね（きりたんぽは彼の勘違いだけど）。

好きな人と意見が違ったとき、過去の私みたいにキリキリして「**絶対にその意見論破するし**」と鼻息荒くなるタイプもいれば、好きな人に嫌われたくなくて、つい合わせすぎちゃうタイプの方もいるでしょう。その対応、どちらも不正解です！

じつは、男性にとって反論されることはキライじゃないんですよ。

いくつかのルールさえ守ればね♡

男性にしっかり意見を言いつつ、しかも魅力的だと思われるLOVEルールをお伝えしていきますので、さっそくトライしてみてください！

男性と意見が違ったときのLOVEルール

❶ 流す

ハッキリ言ってキリキリすることの90％が二人の人生に関係のない、超どうでもいいこと！　ここでムキになって反論して相手をねじ伏せるより、愛されるほうが得だということに気がつくべし！　流すときは、魔法のコトバ「そうなんだ」で万事解決！

❷ 伝聞を装う

彼が何か勘違いや間違いをしていたとき、「そうなんだ、なんかこの間〇〇って聞いたからそうかと思ってた〜」とふんわり伝える。あとで彼は調べて気がつくでしょう。そして、貴女にドヤ顔で正解を伝えてくるはず（笑）。「教えてくれてありがと〜」と再度ふんわりしておきましょう（メス力、メス力）。

❸冗談交じりで反論する

案外男性が好きなのはこれ。「ほんとぉ〜？　こないだ〇〇って言ってなかった〜？」とニコニコしながら肘で彼をツンツンして、冗談交じりにツッコミを入れて、「は？　言ってね〜よ」とイチャイチャするの、男性はキライじゃないです。こういう冗談を言える女性には、余裕があるように感じるものなのです。

❹ケロッと伝える

「え？　中華？　辛いの苦手なの、ゴメン」「今日は疲れてるから、おうちでのんびりしたいんだよね」「今日はお腹痛いから……明日ならいいよ♡（18禁）」などと正直な理由を言って別の提案をするといいでしょう。

ケロッと嫌みなく伝えられるぶんには、「そうなんだ」と男性は素直に受け取ります。18禁行為に関しては、具体的に「明日ね」と伝えて必ず約束を守りましょう。男性がかなり傷つくポイントなので扱い注意！

イキりたって彼を説き伏せようとしたり、顔色をうかがって全部に「いいよ」したりする女性に、男性は余裕も魅力も感じません。

どっちにしろ、彼に必死って印象を与えちゃってるの！

明るくケロリと（ケロリと嫌みはダメよ）、冗談交じりに意見を伝える。

不要なケンカを避けるメス力として、絶対にマスターしなくてはいけないのです！

ほら、彼目線に立ってみて？　今までの恋愛で彼女たちからキリキリされたり、合わせられたりしすぎてきた彼は、貴女のふるまいに「この子は本音で話してOKな珍しい子だなぁ〜」と余裕を感じることでしょう。

そして、貴女から詰められたり、変に媚びられないと安心すれば、自分からいろいろ胸のうちを明かしてくれるようになりますよ♡

彼との気持ちの通ったコミュニケーションに飢えている貴女！

意見が違ったときほど余裕をカマして魅力を伝えるチャンス！　活かすべしですわよ!!

RULE 34

〝見せていい素〟と〝見せてはいけない素〟

メスカを発信し続けていると、読者様からこんな意見が届きます。

「メスカを意識してると、自分の素が出せない気がして苦しい……（泣）」

不器用で真面目な女性ほど悩んじゃうのよね〜。

「**メスカ的にはアレはダメこれはダメ**」って考えすぎちゃって、ふるまいが硬くなっちゃうのよね〜（魅力が消滅しちゃう）。

でも、それじゃ男性はトキメキを感じないのでイケマセン！

じつは、素の見せ方にもルールは存在するのです！

「メスカ」は貴女のもともと持ってる素を魅力的に輝かすもの。

まず、**男性が密かにドン引きする「見せてはいけない素」**をお伝えします！

そして、「男性がドキッとする素」も一緒にお伝えしますので、ふるまい方を見直して、貴女の魅力をキラリと輝かしてくださいませ♡

男がドン引きする素&ドキッとする素のLOVEルール

❶生活面

【見せてはいけない素】

生理用品を隠さないで置く、部屋がとっ散らかってる、バッグの中がぐっちゃぐちゃ(コレよく見られてるぞ〜)、薄汚れたコスメ、髪の毛絡みっぱなしのクシ、毛玉だらけの部屋着など、だらしなさを連想させるもの。

【見せていい素】

すっぴん、適度に片づいた部屋(潔癖でなくてもヨシ)、部屋着姿

（清潔感重視）、生理痛がツラいと言って素直に甘える。

❷ 感情面

【見せてはいけない素】

ヒステリー、人の悪口でイキイキしてる姿、同性を「そんなにかわいくない」とdisる、愚痴が長くしつこい、メソメソ泣いて彼を責める、遠回しに彼を責める、「アタシのことどうせ好きじゃないんでしょ？」といった謎の絡みなど、性格のキツさが丸見えなめんどくさい女（ど本命クラッシャー）。

【見せていい素】

万が一カッとなったらすぐ反省&謝罪、ムカつく人をdisりたくなったら「あの人こうでさ〜」とこと細かに話すのではなくシンプルに「ヒドイの」「怖いの」「傷ついたの」と伝える（コレなら貴女の味方になってくれる）、**彼を責めるのではなく「私が傷つくからやめて」と自**

分を主語にできる、イヤなことには「ヤダよ」と端的に言える、嬉し涙、ショックで思わず涙（メソメソ泣きながら責めるのはNGだけど、思わず涙が出るのはアリ）。

❸ 18禁行為

【見せてはいけない素】

初回からのこなれ感（笑）、恥ずかしいあまりに真っ暗に執着、使い古した下着、ベージュの下着、デートなのにカップ付きキャミ、裸を恥ずかしがらない、脇やVIOがジャングル状態、（IOは手入れして！）演技過剰、無反応、自信がなくて「スタイル悪いし」などと言う（女性のカラダはお宝です！「**私の裸を見られることは特別よ**」くらいに思いなさい！）。

【見せていい素】

照れる、恥じらう、「**でもつい盛り上がっちゃった♡**」、無駄に演技しない、完璧じゃないスタイル（もっと自信を持って！）、ついついおねだりなど……。

ズラズラと書いてきたけれど、きっと貴女が出せなくて苦しい素って感情のことでしょう？「寂しい」「会いたい」って言えないことでしょう？

いいんですよ？　たまには伝えても。

でも、そのときに注意してほしいのが、責めてしまってないか？　ちゃんとかわいく甘えられてるか？　というところなのです。

男性ってほんっと責められることに超敏感。こっちがそんなつもりなくったって、責められてるって感じたら貴女のことが途端にめんどうになっちゃうのよ～～～！

男性に自分の感情を伝えたいなら、まずは、日頃から恋愛に依存しない自立し

た女になりましょう。

そして、**貴女が追われる流れを作り出してください。**

彼から追われる側になったら、不満なんてまぁなくなりますから！

すると、「なんで会いに来てくれないの？」なんて言葉ガマンして苦しい思いをしなくてすむの！　彼を責めてウンザリされなくてよくなるの！　本音が言えない、素が出せないなんて悩みとは無縁になるの！

愛されることで、女性は余裕が生まれて、素の部分ばかりが輝き出しますよ。

自分の魅力はメス力違反でも手放さない！

ここで、素についての「裏LOVEルール」をお伝えします。

思い返してください。貴女のいいところってどこだと思いますか？

優しいところ？　他人に親切なところ？　おっとりしてるところ？　セクシーな雰囲気？　頭の回転が速いところ？　強がりなくせに甘えんぼうなところ？

ちょこっと辛口なところ？　感動屋さんなところ？

彼が貴女と付き合ったとき、惚れてた部分が必ずあるはずです。そこを、ずっと大切にしてください。少し「メス力違反」な部分でも、彼のツボなら変えてはダメ！

ちなみに私が言われるところは、毎度クセが強いところ（他にないの？　とトオイメ）。辛口でシニカルで、ちょっと上から目線の冗談が好きなんです（同性にはしないよ。笑）。

でもね、恋すると、この部分を無意識に直しちゃう自分がいたのです。「**こんな性格のまんまじゃ嫌われちゃうかも⁉**」って。その結果は、皆様お察しの通り（笑）。

クセがある女性は、そのクセのまんまでヨシ！

最終的に男性は、俺様を責めてこない、ネチネチしていない女であれば「**この女、おもしれ〜**」って愛《め》でてくれるものなんですから♡

CHAPTER

7

SNSの LOVEルール

RULE 35

LINE、男性は連絡手段、女性は魂の交換ツール

LINEやSNSの登場で、恋愛がますますこじれる時代が到来。

アラフォー世代は、「私が若い頃になくってよかったぁ！　絶対やらかしてたわ！」と胸をなでおろしてますが、メス力番長は懐古《かいこ》主義してる場合じゃない！　この時代で恋してる乙女たちのために、「SNSメス力」、きっちりとお届けします（辛口注意）。

大前提。男性は「ど本命」へのLINEはマメです。丸一日放置なんてしません。隙間時間で返信しますし、今日の俺様情報を勝手に配信してきます。

そして、「おクズ様」もHするまでは軽快にLINEをしてきます（貴女にも心当たりがあるはずです）。

それらを差し引いても、**女性はLINEに依存しすぎています!!**

確かに私たち女性は、会話をたくさん交わすことで絆を深めていきます。

女同士の友情ってそうでしょう? 親友たちとグループLINEでつながることで安心感を得ているでしょう? **「私たちツーカーだよね」**感に酔いしれて、ソウルメイト的な「魂の交換」をした気分になるでしょう?

でも、**女友達と同じように、LINEで彼と絆を深めようとしてはイケマセン!**


男性にとって、あくまでLINEは連絡手段!

魂の交換ツールとして使おうとすると、彼からの返信に意識が集中しすぎて**「思ってたのと違う」**だの**「既読が遅い」**だのといちいち細かいことで貴女は不安になってしまいます!

その結果、**勝手にストレスを蓄積して、デートで会ったときに「ど本命クラッシャー」をやらかす確率が上がってしまいます。**

そうならないために、恋愛をしていく上で絶対にマスターしておかなくてはいけない「LINEでのふるまい方」をLOVEルールとしてお伝えしていきます！

今すぐに実践してみてください！

男性の恋心を冷めさせないLINEでのLOVEルール

❶今日のアタシ情報を配信するべからず！

会わない間、貴女が何をしているのか妄想することで男性は愛を深めていきます。「今日はどこどこに行くよ」「女子会してる～（写メ）」「今日のランチ☆」。やればやるだけ貴女への熱量が下がると心得ましょう。

❷即既読をつけて返信するべからず！

毎回毎回、〝秒〟で既読をつけてはイケマセン！「なんか俺に必死だなあ」という印象を与えてしまい、貴女への対応が雑になってくる可能性があります。

男性の追う気持ちを削《そ》がないためにも、状況によりますが（緊急時や彼がすぐに返信がないと困る場合以外）、30分〜2時間以上あけて返信しましょう。とにかく前のめりになるな！

③長文を送るべからず！

「アタシのこと、もっと知ってもらわなくちゃ☆」と彼への気持ちや、今日のデートのレビューを長々と送りつけてしまう。長文の端々に「アタシの気持ち」がぎっしり！

ひとこと言います。男性からしたら重いだけ!!

④チャット状態になるべからず！

LINEは短く、明るく、感じよくを心がけましょう。

これやっちゃうとね〜、男性はそこで満足しちゃうことが多いのですよ！

トントンと続くLINEのやりとりは確かに楽しいもの。でも、どんなに長くても5分以内で「またあとでね」と貴女から終了しましょ。「あ~忙しいんだな~、物足りね~な~!」と物足りなさを感じさせることでデートの約束に話が行きますから。

❺ LINEでいい女アピールするべからず!

LINEは男性にとって連絡手段と言いましたよね? そこでいい女アピールして気を引こうとしても貴女の空回りに終わることが多いでしょう! デートで存分にいい女アピール(メス力)をしてください!

❻ 彼の返信を深読みするべからず!

「これってどういう意味?(涙)」と女性が不安になる内容のほとんどが、勘ぐりすぎです。女友達にスクショ送って、いちいち相談しないでください。どうせ不安をあおられるだけです。

❼ 自撮りを送るべからず!

彼に夢中ってバレバレ(笑)。貴女のレア感を損なわせないでください。貴女の姿は、実際にデートに誘ってきた男性だけが目にすることができるのです（顔見たきゃデートに誘ってこいっての）。

もう最初から、「私あんまりスマホとか見ないいんだよね」というスタンスで生きたほうがいいかもしれません。この女とつながるには実際にデートするしかない、会いに行くしかないって思わせましょうよ。

毎日チマチマLINEして、既読未読に振り回されるより、彼から「今どうしても顔が見たいんだけど、会いに行っていい？」って言われる恋愛のほうがキュンとしませんか？

顔面に「**寂しかった！　会いたかった**」ってデカデカと書いてある彼から、思い切りハグされたら（うひょ〜♡）って内心激萌して昇天するでしょう？

ここに書いてある「メス力的LINEのお作法」とデートでの「メス力」を徹

底すれば、会ってるときは超楽しくて、会わないときはミステリアス、「あぁ、**また早く会いたい！**」って思われる女になれますから。

貴女が求めている彼との「一体感」や「魂の交換」はLINEのやりとりではなく、男性が恋い焦がれて会いに来たときにしましょう！

ほら！　だからその返信、あと3時間待ちなさい！

RULE

36

SNSでは情報を小出しにして男をワクワクさせる

SNSに自分の情報を全部載せる女は、交差点で裸踊りしているのと同じである（謎）。

なんでもかんでも自分の情報を垂れ流すのは禁止します！ ツイッター、インスタグラム、フェイスブック……。

〝彼から見られている私〟をもっと男性目線でイメージしてください！

彼の恋心を冷めさせないために知っておきたい「SNSでの禁止行為リスト」と、彼の恋心を焚《た》きつけるために実践しなきゃ損するLOVEルールの2つをお教えします。

ほらそこの貴女！ こんな情報を垂れ流していませんか？

やらかしてないかチェックしたら、LOVEルールを実践すべし！

SNSでの禁止行為リスト

❶ブランド自慢

ブランドバッグはもちろん、高級店での食事や高そうな旅行（高級ホテルやビジネスクラスなど）も含みます。これ、男性読者様から「いい感じの子のインスタ見たら、お金持ってそうでビックリしたんスよ。パパ活とかギャラ飲みしてんスかね⁉」と超相談されますから！　要注意ですよ！

❷毎日の行動発信

どんな友達と、いつ、どこで、何をしていたのかがすべてわかってしまうと、貴女のＬＩＮＥ返信のタイミングで、愛情度合いが答え合わせされちゃいます。**「この日、友達といたのに即レスしてたの？　俺に惚**

れてるな〜」なぁんてね。

❸愚痴の垂れ流し

貴女がデートで「メス力対応」を意識して、せっかく「いい女だなぁ」と思われても、愚痴などを垂れ流してる時点で、「こんなキツイ性格なんだ」と幻滅されちゃうのです。

❹レスバトル

SNSで見ず知らずのアカウントの投稿に反論していたりすると、厄介《やっかい》そうな印象を持たれてしまいます。てか、やめなさいそんなこと(笑)。

❺有名人に媚びる

SNSで有名人に媚びている姿、彼の恋心を白けさせてしまうかもしれません(男性は媚びる女性が本能的に苦手)。

❻加工が激しすぎる写真

「べ、別人じゃね?」「いやいや背景ゆがみすぎだし(笑)」。やりすぎた加工は笑われてしまいます。特に加工に親しみのない大人世代の男性に対しては要注意。

❼下半身情報の発信

「生理マジツラッ」「女の子の日だからゆっくりしてます♪」「もう3日ウンチ（絵文字）出てない」。すみません、「メスカ」以前に女を捨てすぎています。下半身情報の発信は絶対にやめてください！　まじめにお願いします!!

❽病み（闇）アピール

病みアピールは、まっとうな男性に引かれてしまいます。貴女の心の隙間に付け入りたい「おクズ様」はワラワラと寄ってくるでしょうが……。

❾元カレとの写真

即削除すべし（フェイスブックなら非表示、インスタグラムならアーカイブに移動もできます）。

❿政治色の強い投稿

政治色の強い投稿も、またクセの強い印象を持たれがちです。

SNSで彼の恋心を焚きつけるLOVEルール

❶ 大前提。SNSに依存しない女になること！（貴女がそれで稼いでいないのなら）

❷ キレイな部分だけしか載せない（見せない）賢さを身につけること！

❸ どうしても記録用などにSNSを活用したいなら彼に見られない鍵付き垢でやること！

何度も書いてますけどね、男性は貴女と会っていない間、貴女のことを妄想することで愛を深めていくのですね。「会えない時間が愛を育てる」というアレですよ。

たとえば、男性はＬＩＮＥの返信を待ちながら、こんな妄想をしています。「メリ子ちゃん、今何してるのかな?」「どんな人生送ってきたのかな?」「ふだんどんなこと考えているんだろう?」「どんな交友関係なの?」「どのへんで飲んでるんだろ?」「どんな水着姿なんだろ?」「そうだ! ツイッター見てみよう!」と貴女のアカウントを見てみたら、あらまあビックリ!

仕事の不平不満を書き散らし、有名人に絡んで媚びを売り、昼ごはん、帰宅のタイミングから、見ているテレビ番組までぜ〜んぶバレバレ!

こんなにSNSに依存している女性のどこにミステリアスさがあって、どこに妄想を膨らましてワクワクすればいいのですか？　男性目線になって想像してみてくださいよ。

「え〜。それじゃなんにも投稿することないじゃん！」、そう思いましたよね？
正直それくらいの感覚でいいんですよ。ほどほどに加工した自分と友人の写真をたま〜に載せて、短文で「たのしかった♡」と締めくくる。季節の花を載せて「キレイ♡」とかね。

SNSにはね、貴女という女性のキレイな部分だけしか載せたらいけないの！
それもうっす〜い、うっす〜い情報でいいのです！
発信するだけ、惚れ込まれる深さが浅くなると心得て、今日から徹底しなきゃダメです！

情報をうすめることで、「チクショ〜、LINEの返信もマメじゃないし！
SNS見ても何してるかわっかんね〜な！」と彼を貴女情報の欲求不満にさせて、
恋心を膨らませてあげなきゃ♡「もっと知りたい、もっともっと」って欲しがらせなきゃ♡

ちなみに、**それでもSNSを楽しみたいのであれば、裏垢作って鍵付きでやりましょう（笑）。**

SNSを充実させようと、デート中スマホにかじりついてる姿は、男性から見てキレイじゃないんですよね。

「あんまりそういうのに興味ないの」と涼やかに笑ってるくらいの女性のほうが、男性からしたら賢そうに見えて「**ほらな？　俺の惚れた女はそのへんの女とは違うんだよ！**」とますます惚れ込まれるのでございます。

フォロワー数を競うのは卒業！

男性の妄想をかき立てる情報うすめなSNSを、したたかにマスターするのです！

RULE 37

彼の存在を匂わす投稿は、絶対にしないこと!

男性から神崎メリに寄せられる相談も、SNS絡みが大多数ナリ。

でも、女性からの相談のほとんどが、「彼、ストーリーを更新してるのに、LINEは未読スルーします!」「セクシー女優のアカウントにいいねしてます!」「男しかいない飲み会って聞いてたのに、彼の友達のストーリー見たら女がいたんです(怒)」と**自分がSNS探偵してイラついているもの**なのに対して、男性の相談は「助けて……! 彼女が自分のSNSで俺のことを匂わしてるんです!」と**彼女の束縛に怯えているもの。**

いいですか?

SNSで彼氏を監視したり束縛したりすると、貴女への気持ちが萎えてしまい

「ど本命」から降格しちゃうこともあるのですよ！

彼を怯えさせたり、逃げ腰にさせたりせずに、「ど本命」でい続けたいのなら、SNS上で束縛する女だけは、絶対に卒業しなくてはダメなんです。

もし貴女がこんな行動をしているなら、お互いの愛を守るために、即卒業するべき！　というルールをお伝えしていきますよ！

SNSで今すぐ卒業すべきLOVEルール

❶「アタシの彼」マーキングする女は卒業

彼をこっそり盗撮して（首から下や手だけも含む）、「チーズタッカルビ美味しすぎ〜♪」なんてデートの様子をタグ付けしてアップしたりするのは禁止です（タグ付けしてなくても！）。

彼は投稿に気がついたとき、こう思うでしょう。

「げ!!　俺マーキングされてる!!（汗）」

男性は女性から「アタシの男」マーキングされていると感じれば、女性を追い求めるのに必要な狩猟本能が萎えてしまい、恋する気持ちも鎮火してしまうのです……！

❷ポエム書き散らし女は卒業

「信じることを恐れてきた　自分とは　もうサヨナラ」

「泣いた数だけ　幸せになっていいんだよ　信じていいんだよ」

「正直に生きてきた　神様はきっと見ていた」

2つ並んだマグカップ写真とともにポエムをオラよッっと（ポチッ）。

まわりからの「彼氏できたの？」のツッコミ待ち全開なポエム投稿。

彼の写真をこれ見よがしに載せるのはダサいという価値観だけど、ちゃっかり満たされアピールはカマしておきたい意識高い系女子がやらかしがちな匂わせです。

男性は、LOVE度の高いポエムに対して、もれなく「思ったより、恋愛脳だなこの子……(重)」と引いてしまうので卒業しましょう（惚気《のろけ》垢作って匿名でしてくださ〜い）。

③【大地雷】交際ステータス投下女は卒業

一部のSNSには、交際ステータスを設定する機能があります。これをツーショット写真付きで交際中に変更すると、「メリ子さんはヨシオさんと2022年4月から交際しています」的な文章とともにツーショット写真が、**自分の全フォロワーと彼氏の全フォロワーのタイムラインに投下されます（怖）。**

すなわち、彼氏のまわりの女性たちに、「こいつはアタイのオトコや！　わかったか!!」と一瞬で牽制《けんせい》（威嚇《いかく》？）できちゃうわけです。

これをされてしまうと男のメンツは丸つぶれ！

「うわ〜嘘だろ？　親戚にも、同僚にも恥をさらした……」

カッコつけていたい男心が傷つき、愛が冷めきってしまいます。実際にコレを投下されてしまった男性を複数人知っていますが、そのあと、別れを切り出していました（合掌）。男性にトラウマすら与えてしまうパンチ力があるので、卒業しましょう！

男性は、会わないときに愛が深まる。そして、追っているときに恋焦がれる。

ここまで「メス力」を学んできた貴女なら、なんとなぁくでも理解できてきたはずです。

そう、「追われることが超苦手」な男性にとって、女性から交際を匂わす行為は、こんなふうに見えているのです。

「メリ子は彼にゾッコンです♡　浮気しないでね♪　うふふ♪　ちゃんと二人の幸せアピールしておいたから♡　これで私たち二人っきりの世界だね！　……もう逃がさないわよぉぉぉぉッ！」

「重い重い重い重い！　大至急逃げなきゃ！(涙目)」と男性は震え上がって逃走モードに突入。

だから、男性が追う価値のない恐怖のSNS束縛女に落ちぶれるのは、絶対禁止なのですよ！　**幸せ自慢やマーキングのために、肝心の彼の気持ちを萎えさせるなんてバカバカしい！　デメリットしかないと悟ってください！**

「俺様のこと、なんも書いてくれないの？　さみちぃなぁ」

これくらいでちょうどいいんですよ。

そして、お決まりのセリフ「あんまりSNSとか興味ないの♡」を言いながら、彼のほっぺたでもツンツンしてかわいがってあげましょうね♡

CHAPTER

8

忘れられない彼と復縁するLOVEルール

RULE

38

失恋から立ち直りたい貴女がすべきこと

「この人と結婚したい」って思ってたのに……。

大失恋。強めのお酒をあおって酒で心を癒やそうとしても、翌朝にはガンガンガンガン二日酔いが襲ってきて、ミジメさが畳みかけてくる……。

アッタマ痛いし、心も痛い……。

なんだこれ、最悪すぎる（口もとことん悪いな、今の私……）。

クッソ～～！（泣）ねぇ私の何が悪かった？　付き合いたての頃はあんなに愛されてたのに、どこで歯車狂った……？　机の上にだらしなく転がるストロング缶。エアコンの効いた室内に、カーテンの隙間から差し込む日差しとミンミン蝉の鳴き声（うるさい……）。

土曜の正午。いつもだったら、あの人に会うためバタバタと支度をしていた時間帯。彼の友達のストーリーをチェックしたら、楽しそうに彼は飲んでいた。まさかの女つきでね。

あ〜〜〜〜！　死にたい死にたい死にたい死にたい死にたい、でも死ねない!!

ただ一刻も早く、このどん底気分から抜け出したい！

あぁでも私、幸せになれるかなぁ……！　一生こんな感じかなぁ……！　情けなくて苦しい。

失恋して、心をズタズタにされた気分でお過ごしの貴女。

その心中お察しします。仕事や学校へ行くのだけで精一杯でしょう。

まずは、**ぐったりしながらでも日常生活を送っている自分を褒めてあげてください。**よくやってるよホント！

今の貴女には、しんどいかもしれませんが、だからこそ、立ち直るためにやってほしいルールをお伝えしていきます。自分を奮い立たせて一つひとつ実行してみてください。

一日も早く立ち直る！　失恋後のLOVEルール

❶ 彼のSNSは削除すること

インスタグラム、ツイッター、LINE。思い切って削除すること。彼の友人のSNSは非表示にすること！　覗きに行っても「楽しそうに過ごしてる」「え？　彼女できた？」と傷つくだけですからね！　見なければ風化速度も速まりますし、削除&ブロックすれば、LINEの通知がくるたんびに、「彼かも!?　はぁ、違った……」と復縁連絡を勝手に期待しなくてすみます（あのがっかり感ってホント心に突き刺さる～）。

❷ 信頼できる友人とだけ会うこと

いるんだよね～、ツラいときに「てか、うちの彼はそういうことしないからわかんないけど～」とかマウント取ってくる友達！　こういうマウント体質の子とは、絶対に会ってはダメ！　傷口に塩塗ってこない友達と会って話してください。おしゃべりすると、ちょっぴり心が軽くなることもあります。

❸イメチェンすること

女性は自分の見た目を変えると、別人に生まれ変わったような気持ちになります。

彼のために選んだ服、下着、売るか全部捨てちゃって！　新しいメイクとか試して、悔しさをバネに女度を上げてください！　インスタグラムとかで研究するの、楽しいですしね。

❹恋活すること

家にいてボ〜ッとするよりも、次の恋を探しに行きましょう！「どうせ本命」扱いしてくれる彼にめぐり逢うためのレッスンだと思って、本書を参考に恋活、デート、合コンで「ＬＯＶＥルール」を実践するべし！

❺落ち込んだらヒトカラもあり

落ち込んで家でふさぎ込んでるなら、一人カラオケに行って失恋系の歌を思い切りシャウトするのもスカッとする（深酒は厳禁）。

失恋から立ち直って幸せになりたいと願うのであれば、いつまでも家でじっとしていてはイケマセン！　時間の許す限り、彼のことをグルグル考えてドツボにハマるだけですよ！　彼の影を消して（❶）、イメチェンで自分を新鮮な姿に変身させて（❸）、恋活すべし（❹）。最低でもこの3つは、どんどんやっていってください。事実、失恋後しんどいながらも、この「失恋後のLOVEルール」を実行した友人たちは、早いタイミングで「ど本命」扱いしてくれる彼とめぐり逢っています（じつは私も）！

悪縁と縁を切らないと、良縁は舞い込まない。

この言葉を、今の貴女に捧げたいと思います。貴女を幸せにしない男性なんて、貴女がなんと言おうと「メス力」的に悪縁なのでございます。チョッキンしておしまいっ！

RULE

39

「ど本命クラッシャー反省会」で新しい自分に生まれ変わること

失恋して心が落ち着いてきたときに、必ずしてほしいこと。

それは、「ど本命クラッシャー反省会」。

まわりを見ていると、いつも似通った「おクズ様」と付き合って、毎回似たような理由で別れている人が多いこと！　貴女のまわりや貴女自身はどうですか？

追いかける恋愛で、彼から少しも大切にされずに、尽くすだけ尽くして終わる。

いい感じで始まったのに、どんどん彼が心を閉ざし始めて、大ゲンカが絶えなくなって終わる。

こんなパターンばかりじゃありませんか？

最初（～1年半）はラブラブな関係だったのに、そのうち彼が無口になって心を閉ざし、寂しさと不安からヒステリックに彼に絡んで、ますます関係がこじれてしまう。

私自身、毎度毎度、飽きもせずこのパターンで恋愛を終わらせてきました。ヒスる「ど本命クラッシャー」だった私は、「ど本命クラッシャー反省会」をして、自分の失敗パターンを克服しました。

同じ失敗をくり返さないために、必ず反省会をしてほしいのです！　貴女が、次の恋愛で幸せをつかむために、大切なルールとして真剣にお伝えします。

ど本命クラッシャー反省会

❶ 自分の「ど本命クラッシャー」パターンを知ること

「『ケンカするほど仲がいい』にだまされないこと！（204ページ）」

にもう一度目を通してください。貴女は「ヒスるど本命クラッシャー」ですか？　それとも「尽くすど本命クラッシャー」ですか？　まずは、どちらの傾向が強いか知ること（複合型もあり）。

❷ その不安はどこからくるか知ること

「男（人間）なんて信頼できない！」。貴女にこびりついているその概念を塗り替えない限り、「ど本命」扱いしてくれる彼とめぐり逢っても疑いの目でしか見ることができません。

その不安はどこからきているのか？　自分が封印している記憶まで遡《さかのぼ》ってみてください。元カレの心ないひとことや最低の仕打ち、小さいときに親に言われたひとこと、両親が不仲だった姿に原因はあるかもしれません。

❸ 自分を責めないこと

「失恋をくり返すのは私に魅力がないから」。そんなふうに思ってしまってはいませんか？　貴女自身に魅力がないのではなく、ただ恋愛の仕方（メス力）がわからなくて失敗してしまった。そういうふうに考え方を変えていきましょう。

❹自分を好きになること

追いかけ体質の女性は、自己肯定感が低く、いざ彼に振り向かれると、「こんな私のことが好きだなんて、大したことない男なのね……」と冷めてしまうそう。貴女が自分を好きになる努力をしない限り、追いかけて、尽くして、冷たくされる恋愛パターンから抜け出せないのです。

貴女に、つねにつきまとう不安の正体を探さなくては、「ど本命クラッシャー」は脱出できません！　反省会をせずに次の恋に挑んでも、同じ失敗をくり返すだけ！

貴女自身の弱点を克服して、次こそ幸せをつかむために、失恋後には必ず「ど本命クラッシャー反省会」を実行すること！

子供の頃に傷ついた心に囚われている

恋愛観には、思っている以上に、家族との関係が深く関わっています。

私の場合、両親が幼い頃に離婚し、母親から「私たちは捨てられた」、こんな言葉と父親の悪口を聞かされて育ちました。

母親自身が深く傷つき、離婚したことを消化できずに苦しんでいたのだと、今は大人の女性として理解できますが、幼かった私はその言葉をそのまま受け止め、**「男はいつか裏切るもの。じつの娘ですら捨てるんだから……」**。こうして男性不信が根づいてしまったのです。

「**男なんて**」と思いつつも、無償の愛を注いでくれる父親がわりのような男性を探していた部分がありました。付き合う男性は、いつも優しい人。でも、その優しさを「ヒスるど本命クラッシャー」でトコトン試してしまっていたんです。

自分と一度真剣に向き合って「ど本命クラッシャー反省会」をしたときに、やっと自分の恋愛パターンの原因を突き止めることができ、「苦しかったね。寂しかったね」と小さかったときに傷ついた自分の心を癒やすことができました。

「尽くすど本命クラッシャー」タイプの貴女は、親からいい子ちゃんを求められてきませんでしたか？

親との関係に問題がなくても、思春期に男子に「ブス」と言われたひとことがずっと引っかかっていたり、いじめられっ子だったり、要領が悪く「バカ」と言われたりしていませんでしたか？（ちなみに私は、勉強も運動も苦手でいじめられっ子でした）

貴女の不安の原因を、一度、幼少期まで遡って探してみてください。

傷ついた部分が、貴女の「私なんて病」の原因になっていると気がつけるはず。

「どうせ私なんて」「男なんてさ」と幸せを信じることができずに苦しんでいる貴女。

もう、幸せになってもいいんだよ。

誰にどんな扱いをされてきたとしても、それがもし仮に親だったとしても、今の貴女の価値には何も関係ない！

どうか「私なんて病」に縛られないでほしい。貴女自身で幸せな人生を築けると、気がついてくださいね。

過去に縛られず、今を生きて行こう。

RULE

40

自分を客観視して未練にふんぎりをつけること

いきなり核心、失礼します。

彼のことが忘れられない貴女は、振られた側ではありませんか？

それなら、未練があって当然のこと。変に罪悪感を持たなくていいですよ。

ふつう女性は、別れを切り出すまで考えに考え、**「もう少し彼の様子を見てから決めよう」**と時間をかけてから、**「こりゃダメだわ」**とふんぎりをつけるもの。

または、自分でもよくわからないポイントでスーッと愛情が冷めたりね。私の友人は、彼の後ろ姿を見て「あ、この人運命の相手じゃない」と急に冷めて別れたのだそう。

「好き」を消化しないで急に別れることになると、やり残したことがたくさんある気がして、気持ちの整理がカンタンにはつけられないものなんですよ。未完の恋ほど色濃く残るのです。

そう、貴女のその思いは愛情じゃなくて、やり残したことへの未練ではありませんか？

勇気を出して、自分の気持ちの整理をつけないとイケマセンよ。いつまでも「彼のことが好きなんだ」と思い込んでしまって前に進めなくなります。

失恋直後じゃなくてもいい、１ヶ月も経ったら、自分の状況を客観視するＬＯＶＥルールをやってみること！

思い続ける価値のある彼なのか？　冷静になってください！

未練にふんぎりをつける！　失恋後のＬＯＶＥルール

❶親友の彼だったら？

彼が別れ際に貴女にした仕打ち。仮に貴女の親友や姉妹がされていたら、なんて声をかけますか？　「きっといつか戻ってくるよ」「まだ希望はあるよ」と本気で言えますか？「やめときな！　ヒドイじゃん」と声をかけると思うのなら、それが客観的に見た今の貴女の状況です。

❷嫌な思い出を書き出してみる

未練が残っていると、いい思い出ばぁっかり思い返して美化しちゃうものなんです。彼にされて傷ついたことを、箇条書きで書けるだけ書き出してしまいましょ。「おクズ様」具合にハッとしますよ。

❸仮に妊娠したとしたら？

仮に今、貴女が彼の子供を妊娠したとして、彼はどんな顔をすると思いますか？　迷惑そう？　「時間をくれ」って言う？　手放しで喜んでくれるイメージがポンと浮かばなければ、やめておきなさい。

❹ 貴女の具合が悪いときどんな反応してた？

付き合いたての頃ではありません。最後のほう、貴女が体調不良になったとき、彼はどんな反応をしていましたか？　手厚く看病してくれましたか？

貴女は、すでに半年も、1年も、2年も、彼のことが忘れられずに、ずっとずっと苦しんでいるのではないでしょうか？

寝る前になると、**「どこで自分は間違ったのか？　あのときどうすればよかったのか？」**と考え込んでしまっていたり、他の男性とデートしても**「彼とのデートのほうが楽しかった」**と思ってしまったり、街中で二人の思い出の曲を耳にして涙が溢れてしまいそうになったり。

「あの人、彼女できたらしいよ」と共通の友人から聞いて、しゃがみ込んでしまうくらいショックを受けてしまったり……。**「それでもいいよ。いつか私のところに帰ってくるなら」**と勝手に決めてしまったり。

胸をギュ～～ッとつかまれたような切ない日々を生きているのではないでしょうか？

「失恋後のLOVEルール」を実践して冷静に考えてみれば、貴女は傷つけられてヒドイ仕打ちをされているのだから、彼は「おクズ様」なのだとわかるはずです。いや、本当はもうとっくに貴女は気がついていましたよね。認めてしまうのが怖いだけで……。

付き合いたての頃のあの彼は、もう戻ってはきません。

恋に落ちた頃の思い出に縛られてしまうのはやめましょうよ。

貴女が彼を忘れられない気持ちは、よくわかるのです。自分にだけ陽の射さない、どんよりとした曇り空のような毎日を、女性なら一度は生きたことがあるもの。

でも、貴女と同様の苦しみを味わって前に進んだ読者様は、口を揃えて同じことを言いますよ。「今は元カレよりもステキな人と出会って大切にされています！」

貴女には「おクズ様」はふさわしくないの。貴女を「ど本命」としてくれる「ヒーロー」だけがふさわしいの。

彼のことはあきらめても、幸せはあきらめなくていいのだから。

今すぐにはふんぎりがつけられないとしても、そのことだけは頭の片隅に置いておいてほしい。いつでも、「メス力」は貴女を迎え入れますからね。

RULE

41

それでも復縁したいのなら徹底的に「LOVEルール」を学ぶこと！

わかっていますよ、お嬢さん！

そうは言っても「復縁のLOVEルール」が知りたいその気持ち!!

メス力番長こと、神崎メリ、しっかりお伝えします。ただとても厳しいルールなので心してください。

復縁するにはね、これらを全部やらなきゃダメです。

・脱〃今さら感〃！　男友達に新鮮さを与えるLOVEルール（143ページ）

・失恋後のLOVEルール（288ページ&300ページ）

・ど本命クラッシャー反省会（292ページ）

男性ってね、基本的に自分が手放した女性のことをナメているのね。いつでもLINE一つでHできる存在って勘違いしてるの。男性の「元カノフォルダ」って、カンタンに言うと「俺にHさせたんだから、またいつでもできんでしょ」女の集合体なワケです（呆）。

もし、貴女が振られた側だとしたら、「悪いけど、そんな安っぽいフォルダにいつまでもいる私じゃありませんから！（笑）」って相手にガツンと知らしめなきゃいけないのです。

わかりますか？「もう一度追いたい」と心から思わせなきゃ絶対ダメなんです！

カンタンに復縁したら、また貴女のことをカンタンに手放すものなのですよ！

だから根性入れて、「復縁のLOVEルール」を徹底的に身につけて、まったく違う女性と恋に落ちたくらいに思わせなきゃイケマセン！　追わせて、追わせて、追わせて勝ち取らせるんです！

復縁のLOVEルール

❶「ど本命クラッシャー反省会」をする（292ページ）
彼にヒステリーを起こしていた？ それとも尽くしていた？「ど本命クラッシャー反省会」をして、同じ轍《てつ》を踏まないように！

❷「失恋後のLOVEルール」をする（288ページ&300ページ）
彼に執着心があるうちは、不思議なことに、彼から見向きもされません！ 男性は「振り向かせたい」イキモノ。まずは彼のことを脳内から少しでも追いやること！

❸徹底的にイメチェンする
❷と重複しますが、元カレに付き合ってた頃の貴女を連想させてはダメ！ 服装、メイク、髪形、下着全部取っ替えて！「それまだ使ってんの？」的な要素は排除すべし！ いつなんどき偶然再会してもいいよう

に、女っぽい方向で見た目の「メス力」を磨きなさい！

❹自分から連絡はしない

縁があれば必ず再会しますし、「お前の元カノ見かけたけどキレイになってたよ」情報を聞きつけると裏垢作ってでもＤＭとかで連絡してくるのが男というイキモノ（笑）。

❺「今から会える？」に乗らない

本当は会いたくっても、「今日は忙しいからムリだね〜。前もって連絡して？」と断りなさい！　貴女はいい女になったの。ヒマ人ではありません！

❻「脱〝今さら感〟！　男友達に新鮮さを与えるＬＯＶＥルール」を実践！（１４３ページ）

もし会うことになったら、新鮮な貴女でふるまうこと！　馴れ合いに男性はいっときの癒やしを感じたとしても、再度恋には落ちません。他にドキドキする子を見つけたら、あっさり乗り換えられます！

❼ 3ヶ月Hお預けルールを厳守

これを徹底することで、元カレが貴女に対して本気になるか？　それとも単なる**「ちぇっ！　Hさせてくれね〜なら用はないし」**という気持ちなのか？　はっきりふるいにかけられます！　Hさせたらセフレの始まり。絶対に厳守すべし！

彼に復縁してほしくてメソメソうじうじしている姿。男性からしたら魅力ゼロなんです。

「一体、俺と別れて何があったのだろう……？」と超動揺させるくらい、いい女に生まれ変わってなきゃ、セフレコースが終着点。

復縁したいのが貴女であったとしても、そんな素ぶりは見せずに「信頼してお付き合いするに値する人か、見極めてから考えるね☆」くらい**「私が選ぶ側なんです」**的な態度を崩してはイケマセンよ！

そして、「ど本命」になれないのなら、復縁はやめること！
「ど本命」として復縁したいのなら、彼に貴女を追わせて勝ち取らせるんです。

ちょっぴりイヤなたとえ方になりますが、彼は飽きてしまったゲームを捨てました。それが、じつはレア物だとしばらく経ってから気がつきました。しかも、クリアしたと思ってたけど全然クリアしてなかったらしいのです。

しかし、そのゲームはオークションにかけられていて高値がついています。彼はそれを見てどうしても取り戻したくなりました。オークションでライバルと接戦して、手こずりましたが、ゲームを取り戻しました。

「**もう手放さないぞ！**」。色あせて見えたゲームは、彼の大切な宝物になったのです。

もう一度彼に貴女を宝物（ど本命）だと思わせるには、男性の目線に立ってこんな勝ち取るストーリーを展開してあげること。これしかありません。

おわりに

愛される才能は、天才だけのモノじゃない！

男性から大切にされる女性になるのに、天性の愛される才能は必要ありません。

男心を理解して、「私は必ず幸せになる！」と胸を張って信じ、コツコツと「LOVEルール」を実践すること。本当にただこれだけのことのくり返しなんです。

なかには「LOVEルール」を直感的に「はいはい！　こういうことね！」と理解することができて、トントン拍子に幸せをつかむ人もいれば、逆になかなか腹落ちせずに「え？ イマイチ男心がわかんない……」と考え込んでしまう人もいるだろうと思います。

でも大丈夫ですよ、貴女のペースで！

私自身、物事を身につけるのにめちゃくちゃ時間がかかる、勘のよくないタイプです。考えて、実践して、失敗して、分析して……。たくさんの試行錯誤をくり返さないと自分のものにはできません。だけど、人一倍要領が悪くても「必ず幸せをつかむ！」という願いをあきらめなかったからこそ、粘り強く、ここまでこられました。

貴女が「幸せになる！」と心を決めたとき、人生は「ど本命」扱いしてくれる男性にめぐり逢うための一本道に変わります。

その道には、石ころ（おクズ様）が転がっていて、ときにつまずくこともあるでしょう。ネガティブという大雨が降って、歩くことを止めたくなることもあるでしょう。

そんな苦しいときこそ、本書を開いてください！

貴女が道に迷ったときに、「ど本命」という幸せに辿りつけるよう、「そっちじやないよ！　こっちだよ！」と導くためのルールがきっとあるはずです！


貴女の人生は貴女のもの。

だけど、最後にひとことだけ言わせてください。

大好きな人と笑い合って歩んでいく人生を、まっすぐに求め続けてほしい。

貴女の手で、人生は今よりも温もりのあるものに変えられる。枕を涙で濡らす孤独な夜はもういらないんです！

信じよう、歩いていこう。転んでもいい、不器用でもいい！

すべては、貴女が「ど本命」になるための道なんですから。

あきらめないでくださいね！

〈最後のLOVEルール〉

幸せをあきらめないこと！

神崎メリ

文庫化にあたって――あなたへのメッセージ

結婚がゴールの時代は終わった！男女共に寄り添い合う結婚の時代へ

結婚適齢期。

「とにかく○歳になる前に結婚してくれる人を探さなきゃ……負け組になっちゃう！」

ほんの少し前までこんな風潮が日本中の女性たちの間で流れていました。

「とにかく結婚相手として選ばれるには余計なことは言わず、料理教室に通って家庭的な一面をアピールして、高収入の男性をゲットしなきゃね！」

そうして男性の内面や相性よりも、いかに自分が楽できそうな結婚相手を捕まえるかが勝負！　みたいな風潮が……。

幸せな結婚生活とは、相手のスペックの上に育《はぐく》まれるものではないのです。

お互いに思いやり、労《いた》わり合い、支え合う、信頼と愛情の中に育まれていくもの。しかも信頼と愛を育むためには、そもそも男性の「ど本命」じゃなきゃダメなんです。

この現実を「メス力」で発信し続け、著書を出版し続けた結果、その活動が波紋のように広がっていき、今では婚活垢などを覗いても「ハイスペ婚」を目指すより、**大切にしてくれる人との「ど本命婚」を目指す人が増えてきた**ように感じます。

＊理想の未来を叶えていくのは「2人で」の時代

愛なんて結婚生活に必要ないのよ！　男は経済力！　亭主留守で元気がいいの！

こういう価値観って、もはや過去のモノ。これからどんどん化石化していきます。

年を重ねたらそれだけ収入が増え終身雇用。父親が大黒柱となり、妻子を養い、家を買って、老後も生活できた時代は終わりました。この時代は女性も寿退社《ことぶき》がスタンダードで、たとえ夫がモラハラ気質でもジッと我慢をしながら子供を育て上げなくてはならず、私たちよりも選択肢が少なかったからこその、「(せめて)男は経済力!」なのです。

私たちは経済的にはもちろん、家庭のことも**夫婦で共に協力しなくては成り立たない時代**に生きています（100歳まで生きるのやで〜!）。

男性は私たち女性よりもいち早くその現実に気がついていて「結婚かぁ……相手のこと養うとか俺自信ないよ……」とおよび腰になってしまい、結婚したがらない男性が大量に発生しました。

そんな時代に「メス力」でなぜ結婚するカップルが増えたかというと、「メス力」では、女性の精神的、経済的自立をうながしています。それは男性を追いかけて依存しないという意味でもありますが、裏を返せば**男性から「養わなきゃいけない」プレッシャーを取り除いている**ということでもあるのですよね。

そして「ど本命婚」だからこそ、そこでワンオペ（家事育児）を強いられる妻ではなく、「俺ももちろんやるよ！」という協力関係がうまれます。

これからの時代、支え合いそして愛情に包まれた結婚生活を送るためには、「女は意見を封印し黙って尽くし、男は稼いでくる」結婚観からアップデートしなきゃいけないのです。

＊「男性を上手に味方につける」って、素敵なこと！

え？　女は黙ってた方がかわいい？（謎）

いいのですよ、もっと「私〇〇したい！」と彼にリクエストして。それは**彼に**

貴女を幸せにするチャンスを与えるということなのですから。

言いたいことは伝えましょう。ただし相手への敬意を持ってね。

男性は敵ではありません（モラ男、セクハラおクズ様は除くw）。付き合い方を理解すれば、貴女の支えになってくれるヒーローなのですから。


「メス力」を発信し続けることによって上記のことに気がついた女性が増えました。その結果、「ど本命婚しました！」との報告が後を絶たないのだと思います。


大好きな人の「ど本命」になるということは、大好きな人の生きがいになるということ。

でも婚活をしていても、恋愛をしていても、なかなか大切にし合える人に巡りあえなくてモヤモヤと苦しむこともあると思います。わんこそばよろしく次から次へと男性と出会っても、その中から選んで付き合っても**「なんか違う！」**。

そしてどうもがいても**「結婚にたどり着けないいんだけど！」**と焦って苦しくな

る……。こんな苦しみの渦中にいる方もいらっしゃると思います。

＊**その「足踏み」が、本当の幸せへ連れて行ってくれる**

貴女にお伝えしたい。

ムリをして誰かのことを好きになろうとしなくてもいい。「もう○歳だし、後がないかも」とおクズ様に「メス力」を実践しなくてもいい。やるべきことをトコトンやって、そして「まぁ、いいか」と手放したときに、意外な方向や思わぬ形で幸せが訪れたりするものなのです（私もそうやったのや……）。

貴女が今、人生を変えたくてもがいていること。希望通りの形とはならないかもしれないけど、ムダにはなりません。

チャンスは突然目の前に現れます。「でも私○○なタイプだし」と決めつけずに、流れに乗ってみてください。

人生って不思議なもので、縁がある人やコトって大きな流れに乗るかのように、どんぶらこどんぶらことスイスイ進んでいきます。**あんなに結婚したくて愛されたくてもがいてたのが嘘みたいに、手に入る**のです。

そういう流れにいないときは、焦らず「メス力」ウォーミングアップしておきましょう。この「LOVEルール」をコツコツ実践しながらね。
みんながトントン拍子なワケじゃない。あきらめないという「メス力」を実践した結果つかんだ幸せだったりするのです。

貴女には自分を幸せにする力がある。
それを信じてどうか、あきらめないでくださいね。
ええんやで、休憩しても。マイペースに自信持っていきましょうね！

神崎メリ

神崎メリ（かんざき・めり）

恋愛コラムニスト。1980年生まれ。ドイツ人の父と日本人の母の間に生まれる。自身の離婚・再婚・出産という経験をもとに「男心に寄り添いながらも、媚びずに女性として凛として生きる力」を「メス力(りょく)」と名付け、SNSやブログにて発信していたところ、瞬く間に人気が広がり、現在、SNSフォロワー累計28万、ブログは月刊200万PV。コメント欄には共感の声が殺到し、恋愛や結婚に悩む幅広い年齢層の女性たちから、厚い信頼と支持を集めている。

著書に『ど本命の彼から追われ、告られ、秒でプロポーズされる！秘密の「メス力」LESSON』（SBクリエイティブ）、『「本能」を知れば、もう振り回されない！　恋愛&婚活以前の男のトリセツ』（マガジンハウス）、『大好きな彼のハートを撃ち抜く！恋愛&婚活SNS大作戦』（幻冬舎）、『なぜかいつも「ど本命」に愛される女性の4つの習慣』（永岡書店）などがある。

本作品は小社より二〇一九年九月に刊行されました。

だいわ文庫

〝運命《うんめい》の彼《かれ》〟にめぐり逢《あ》い、
ずーっと愛《あい》され続《つづ》けるための秘密《ひみつ》の法則《ほうそく》
大好《だいす》きな人《ひと》の
「ど本命《ほんめい》」になるLOVEルール

著者　神崎《かんざき》メリ

二〇二二年四月一五日第一刷発行

発行者　佐藤 靖
発行所　大和《だいわ》書房
東京都文京区関口一―三三―四　〒一一二―〇〇一四
電話　〇三―三二〇三―四五一一

フォーマットデザイン　鈴木成一デザイン室
本文デザイン　吉田憲司（TSUMASAKI）
著者エージェント　アップルシード・エージェンシー
本文印刷　厚徳社　カバー印刷　山一印刷　製本　小泉製本

ISBN978-4-479-32009-8
乱丁本・落丁本はお取り替えいたします。
http://www.daiwashobo.co.jp